중고등부, 믿음으로 승부하라

중고등부, 믿음으로 승부하라

중고등부 아이들의
삶을 바꾸는
믿음의 돌직구 코칭

이정현 지음

좋은씨앗

중고등부, 믿음으로 승부하라

1판 1쇄 발행 2014년 3월 17일
1판 4쇄 발행 2024년 3월 10일

지은이 이정현
펴낸이 신은철
펴낸곳 좋은씨앗
출판등록 제4-385호(1999.12.21)
주소 서울시 서초구 바우뫼로 156 (양재동, 엠제이빌딩) 402호
주문전화 02-2057-3041 주문팩스 02-2057-3042
페이스북 facebook.com/goodseedbook
이메일 good-seed21@hanmail.net
ISBN 978-89-5874-222-7 03230

책값은 뒷표지에 있습니다.

중고등부 아이들의
삶을 바꾸는
믿음의 돌직구 코칭

추천의 글

다음세대의 모습을 보면 마음이 답답합니다. 악한 세상은 이 시대 청소년들을 끝없이 혼미한 상태로 몰고 가는데, 가정이나 교회는 이에 속수무책인 것이 현실입니다.

염려는 많은데 실제적인 대안이 없다보니 답이 보이지 않습니다. 이런 현실이기에 현장에서 오래 고민하며 애쓰고 있는 저자 이정현 목사의 애씀이 귀하게 느껴집니다.

이 책을 보면 다음세대의 핵심인 교회 청소년들을 어떻게 다시 일으켜 세울 수 있을지에 대한 저자의 고민을 느낄 수 있습니다. 그뿐 아니라 저자가 현장에서 경험했던 많은 사역의 열매들과 학문적 검증을 토대로 하는 청소년 사역의 대안을 찾아볼 수 있습니다.

이 책을 통해 우리가 고대했던 청소년 사역의 고민과 문제들이 해결되기를 기대합니다. 청소년 사역 현장에서 많은 도움을 얻을 수 있으리라 생각합니다.

_ 이찬수 (분당우리교회 담임목사)

믿음이 이깁니다. 믿음이 역사를 일으킵니다. 우리는 믿음의 대상과 위력을 알고 그 특권을 누립니다. 그런데 신앙생활을 하는 과정에서 믿음이 자꾸 흐려집니다. 그래서 믿음에 무언가를 더해야 하지 않을까 하는 생각을 자꾸만 합니다. 그러다가 그만 사탄의 계략에 휘말려 알맹이는 빠뜨린 채 본말이 전도된 일들을 하는지도 모릅니다.

우리 교회에서 청소년부를 맡아 지도하는 이정현 목사를 통해 이 진리를 다시 각성하게 되니 기쁩니다. 그는 드림교회 청소년부 현장에서 이 진리를 보여 주고 있습니다. 한국교회 주일학교와 청소년부가 자꾸만 쇠락해 가는 오늘날, 학생들을 어떻게 품고 사랑하며 복음을 전해야 할지 보여 주고 있습니다. 교회와 학교 현장에서 씨름하며 선포하는 가운데 일어나고 있는 이 일이 한국 교회에 다시 쓰는 믿음의 역사가 되면 좋겠습니다. 믿음의 역사를 희망하는 모든 분들에게 이 책을 권합니다.

_ 임만호(드림교회 담임목사)

수년간 많은 교회 사역자들이 교회 청소년들의 프로그램에 집중해 왔습니다. 하지만 프로그램만으로는 학생들을 영적으로 성장시킬 수 없다는 사실을 결국 모두가 알게 되었습니다. 이 책의 저자 이정현 목사는 학생들을 영적으로 성장하게 하려면 오직 그들의 믿음을 터치하는 길밖에 없음을 강조합니다. 저자는 현재 매주 500명이 넘는 학생들을 교회에서 직접 만나고 사역하면서, 현장의 목소리를 그대로 책에 담았고, 통계 작업을 통해 학생들을 면밀히 분석했습니다.

청소년들은 오직 예수 그리스도를 통한 믿음으로 영적 성장을 하게 됩니다. 그러므로 교회는 무엇보다 먼저 학생들의 믿음에 관심을 기울여야 합니다. 청소년 사역의 건강한 방향을 설정하고 싶은 모든 사역자들에게 이 책을 강력하게 추천합니다.

_ 리차드 로스(사우스웨스턴 신학교 청소년
사역 담당 교수, 혼전순결 서약 창시자)

청소년은 변화와 새로운 것에 매우 개방적입니다. 특히 오늘날 청소년은 이전의 어느 세대보다 빠르게 적응하고, 정보사회의 새로운 문화를 주도해 나가는 현대의 조상(modern ancestor)입니다. 그래선지 디지털 융합문화의 주역인 청소년을 언제 터질지 모르는 '시한폭탄'으로 보는 것이 보편적인 시각입니다. 그러나 청소년들은 '잠재력'과 '좋은 교육'만 주어진다면 바르게 성장해 글로벌 사회와 교회의 성장 동력이 될 수 있습니다.

이 책은 불확실하고 야누스 같은 얼굴을 가진 정보사회의 조상 청소년들에게 어떻게 불변하신 하나님의 말씀을 기초로 기독교 교육을 할 것인가에 대해 저자의 고민과 경험을 담아낸 훌륭한 답변서입니다. 결국 교회가 할 일은 불변하신 하나님의 말씀을 기초로 청소년들을 '믿음의 세대'로 가르치는 것입니다. 믿음만이 교회교육의 대안이고 교회의 희망입니다.

_ 김희자(총신대학교 기독교교육학과 교수)

이정현 목사는 20년지기 친구이자 동역자입니다. 그는 그동안 청소년 사역에 특별한 열정을 갖고 자신의 젊음과 인생을 올인했습니다. 특히 한국에서 보기 드물게 청소년 교육학을 전공하여 학문적으로도 크게 기여했습니다.

이 책에서 그는 18년간 청소년 사역을 하면서 현장에서 얻은 청소년 사역의 대안과 해법을 일차적으로 제시하고, 이 부분에 대해 학문적으로 더 강력하게 호소하고 있습니다.

그의 해답은 아주 간단하고 명료합니다. 청소년 사역에서 '믿음'으로 승부수를 걸라는 것입니다. 어쩌면 이미 많은 교회와 사역자들이 알고 있으면서도 제대로 실행하지 못한 부분을 그는 정확하게 지적하고 있습니다. 그리고 교회들이 어떻게 하면 믿음의 승부구를 던질 수 있는지 자신만의 노하우를 제시하고 있습니다. 청소년 사역자와 교사들뿐 아니라 다음세대에 관심 있는 학부모와 교인들에게 이 책을 추천합니다.

_ 김정윤(목사, 前 사랑의 교회 청소년부 팀장)

차 례

Part 01

추천의 글 **6**
프롤로그 **14**

누가 뭐래도 믿음이 이긴다

Chapter 01 믿음의 하향 평균화가 문제다 **24**
Chapter 02 그래도 교회 오는 것은 믿음 때문이다 **31**
Chapter 03 믿음을 승부구로 선택하라 **37**
Chapter 04 그들이 교회에 남는 이유, 떠나는 이유 **42**
Chapter 05 고3들, 믿음의 강펀치를 날리다 **48**
Chapter 06 무제한의 믿음에 도전하라 **53**
Chapter 07 믿음이 자라면 기도하게 된다 **57**
Chapter 08 믿음의 불길이 각 학교로 번지다 **62**
Chapter 09 믿음은 인터넷을 통해 세계로 퍼져 나간다 **68**
Chapter 10 믿음은 새로운 믿음의 세대를 만든다 **74**

Part 02 성장하려면 바꿔야 한다

Chapter 01 F4 원리를 모든 프로그램에 대입시켜라 **85**
Chapter 02 SSS 원리로 예배를 바꿔라 **92**
Chapter 03 프로그램이 아닌 훈련 중심으로 바꿔라 **110**
Chapter 04 학생들을 들러리가 아닌 주인공으로 바꿔라 **127**
Chapter 05 천국 공동체로 분위기를 바꿔라 **136**
Chapter 06 자발적으로 전도하는 중고등부로 바꿔라 **149**

Part 03 믿음은 과연 삶을 바꾸는가?

Chapter 01 청소년의 자아 만족도와 자존감 **180**
Chapter 02 올바른 성 윤리 의식과 이성교제 **189**
Chapter 03 미디어의 영향과 자기 절제력 **197**
Chapter 04 술과 담배라는 일탈 행위 **205**
Chapter 05 친구 관계와 사회성 문제 **208**
Chapter 06 부모와의 관계와 신앙생활 **212**
Chapter 07 학교생활에 대한 만족도 **217**

에필로그 **222**

프롤로그

'청소년 사역 18년, 과연 무엇이 나를 사역 현장에서 떠나지 않게 하는가?' 끊임없이 내가 스스로에게 던지는 질문이다. '청소년이 사랑스러워서,' '청소년 사역이 비전이라서,' '이 시대에 가장 필요한 사역이어서.' 이런 답변보다 조금 더 솔직한 답변은 이것이다. '청소년에게 내가 감동되어서.' 그렇다. 청소년들의 모습은 늘 내게 큰 감동으로 다가온다. 내가 그들에게 주는 것이 10이라면 그들에 내게 주는 것은 늘 100 이상이었다. 이것이 오늘도 나를 청소년에게로 인도하는 힘이다.

모 중학교에서 한 달에 한 번씩 채플을 인도하고 있다. 중학교 사역은 참 힘들다. 교회 중등부 학생들에게 말씀 전하는 것도 힘든 일인데, 불신자들이 절대 다수인 학교에서 채플을 인도하는 일만큼은 솔직히 말해 피하고 싶다.

첫 번째 채플 설교 후 교회에 관심 있는 학생들에게 간식을 주겠다고 하니 무려 70여 명이 작은 교실로 몰려들었다. 좀 더 넓은 곳에서 모였더라면 기백 명은 충분히 모였을 것이다. 학생들의 관심은 교회보다는 간식에 있었다. 그래도 작은 희망을 갖고 학생들이 적어준 번호로 전화를 해보았다. 역시나 대부분 받지 않거나 잘못된 번호였다. 그래도 10여 명에게 연락이 되었고, 그중에서 7명이 교회에 오겠다고 약속했다. 얼마나 기뻤는지 모른다. 그리고 주일이 되었다. 달랑 학생 1명이 교회에 왔다. 같이 수고한 선생님들 눈에는 실망의 빛이 역력했다.

하지만 나는 선생님들에게 이렇게 말했다. "1명 온 것도 기적입니다. 대단한 수확이에요!" '채플 한 번 드렸는데 한 영혼이 자기 발로 교회에 찾아왔으니 채플 100번 인도하면 100명의 영혼을 건질 수 있는 것이 아닌가?'라고 생각했다. 처음 교회에 온 그 학생을 담당 교사가 따뜻하게 맞아주었다.

다음 날 그 학생의 어머니에게서 전화가 왔다. 보통 이럴 때는 항의 전화가 예상된다. 왜 우리 아들을 꼬드겼느냐, 우리는 이미 다른 종교가 있다는 식의 전화다. 하지만 그 어머니는 고맙다는 말부터 했다. 교회에서 자기 아들에게 잘해 줘서 정말 고마웠고, 자신도 다음 주부터 교회에 다니고 싶다는 의사까지 밝혔다. 그리고 다음 주에 놀라운 광경이 벌어졌다. 그 학생의 온 가족이 교회에 나온 것이다. 사도행전 16장 31절 말씀이 실천되는 순간이었다. "주 예수를 믿으라 그리하면 너와 네 집이 구원을 받으리라." 놀라운 일은 여기서 그치지 않았다. 채플을 통해 교회에 처음 온 그 학생이 다른 친구들을 전도한 덕분에 그 중학교 학생들이 계속해서 우리 교회로 왔다.

그런 모습을 보면서 어떻게 감동하지 않을 수 있겠는가? 사실 중학교 채플 준비하기가 일반 교회에서 설교하거나 고등학교 채플 준비하는 것보다 몇 배는 더 힘들지만, 이런 역사를 보면 그동안 힘들었던 것들이 다 사라진다. 한 영혼이 주님께 돌아오는 모습, 뻘쭘한 표정으로 교회에 첫발을 내딛는 중학생들의 모습은 늘 내게 감동의 쓰나미다.

중간고사나 기말고사 기간이 되면 보통 청소년 사역자들은 크게 긴장한다. '이번에는 학생들이 얼마나 결석할까?' '어느 정도면 선방했다고 할 수 있을까?' 하는 고민을 한다. 나는 스스로 생각해 볼 때, 학생들의 시험 기간에 다른 청소년 사역자들보다는 별 걱정 없이 지내는 것 같다. 사실 아예 고민도 하지 않는다. 이유는, 우리 학생들을 믿기 때문이다.

다음 날부터 중간고사가 시작되는데, 주일 예배 시간에 본당을 꽉 채우고 있는 학생들의 모습을 보면 눈물마저 핑 돈다. 다른 친구들은 학원으로, 과외로, 독서실로 가 있는 상황에서, 교회에 와서 예배드리는 그들의 모습은 목사인 내가 봐도 귀하고 귀한데, 우리 아버지 하나님 눈에는 얼마나 귀하게 보이겠는가? 한 걸음 더 나아가, 평소보다 더 열심히 간구하고 사모하는 학생들의 모습, 한 번의 예배를 통해 은혜를 온전히 다 받아 가려고 하는 청소년들의 신앙은 열정과 순수성에 있어 어른들보다 훨씬 위에 있다. 심지어 부모가 교회 가면 죽이겠다고 협박하는 지독한 반대를 무릅쓰고 예배에 참석한 학생들을 보면 가슴이 벅차오를 정도로 감동된다.

동시에 '내가 과연 이 학생들을 위해 무엇을 할 수 있을까?' 라는 생각을 한다. 축복을 비는 기도 말고는 그들을 위해 내가 할 수 있는 게 없다. "목숨 걸고 이 자리에 모여 하나님께 예배하는 이 청소년들을 축복하시옵소서. 그들을 통해 이 나라와 민족을 변화시켜 주시옵소서."

시험 기간에 기도 박스를 열어 보면 평소보다 몇 배나 많은 기도제목들이 들어와 있다. 하도 많아 읽는 데만 20여 분이 걸리기도 한다. 새벽기도 시간에 기도제목을 적어 낸 학생들의 이름을 불러가면서 그들의 기도제목이 응답되기를 간절히 기도하는 것, 그것이 목사인 내가 그들에게 해줄 수 있는 유일한 일이다.

나는 이러한 청소년들이 있기에 오늘도 청소년 사역을 하고 있다. 언제나 내게 감동을 주는 청소년들을 놔두고 다른 사역을 할 수 없다.

아침에 눈뜨면 온통 청소년들에 대한 부정적인 기사로 미디어가 도배되어 있다. 청소년 폭력과 강간 등의 범죄 기사로부터, 청소년 집단 따돌림과 끔찍한 자살 이야기들, 이제는 교사도 부모도 안중에 없는 패륜 기사까지, 어디가 끝인지 알 수 없을 만큼 청소년에 대한 부정적인 기사들이 쏟아진다. 대한민국 청소년은 OECD 국가 청소년 중에서 가장 불행하며 그들의 미래는 불투명해 보인다. 이제 교회에서 청소년들을 찾아보기 힘들어졌고, 모 교단의 발표에 따르면 대한민국 청소년들 가운데 단 4%만이 교회에 다니고 있다니 충격적이지 않을 수 없다. 가장 안타까운 것은 이러한 현실을 개선할 대안이 전혀 없어 보인다는 점이다.

청소년에 대한 암울한 기사들은 안타깝지만 모두 사실이다. 하지만 믿음의 사람들이라면 이런 내용조차 충분히 다른 시각으로 볼 수 있다. 지금 대한민국 청소년들에 대한 부정적 묘사는 과거 이스라엘 백성들이 가나안 땅에 입성할 때, 그 땅을 미리 염탐한 10명의 정탐꾼들이 와서 전한 이야기들과 매우 흡사하다. 10명의 정탐꾼들이 묘사한 가나안의 모습은 틀린 것이 하나도 없었다. 모두가 사실이었다. 그런데 그들의 묘사에는 중요한 것 하나가 빠져 있었다. 바로 믿음! 믿음 없이 현실을 보면 온갖 부정적인 것만 보이는 법이다.

우리도 마찬가지다. 이 땅의 청소년들을 믿음의 눈이 아닌 세상의 눈으로 바라보면 부정적인 것만 보일 뿐이다. 아무리 뛰어난 교육 전문가라 할지라도 세상의 눈에 비친 청소년들의 모습에서 긍정적인 면을 찾기 어렵다. 지금 우리에게 필요한 것은, 청소년들을 믿음의 눈으로 보는 새로운 관점이다. 믿음의 눈을 가지고 청소년들을 볼 때 그들에게 충분히 희망과 가능성이 있음을 발견한다. 아니, 청소년들은 단순한 가능성을 뛰어넘어 기성세대에게 언제라도 감동을 줄 수 있는 세대의 대안이 될 수 있다.

나는 확신한다. 아직도 이 땅에 감동을 일으키는 청소년들이 많이 있다는 것을, 아직도 이 땅에 소망의 빛을 꿈꾸는 청소년들이 많다는 것을…. 엘리야가 자기 주변에 아무도 없다고 말할 때 바알과 아세라에게 무릎 꿇지 않은 7천 명의 남은 자들이 있었듯이, 아직 이 나라에는 오직 믿음으로 살겠다고 외치는 청소년들이 많이 있다. 현장에서 고군분투하는 사역자와 교사들에게 힘이 되고 위로가 되고 감동을 주는 청소년들이 많이 있다.
그래서 나는 믿는다. 오직 믿음으로 살 길을 외치는 세대의 중심에 바로 이 땅의 청소년들이 있다는 것을, 교회가 조금만 더 다가가 그들의 믿음을 만져 준다면 이 땅의 많은 청소년들이 믿음의 세대로 거듭날 수 있다는 것을, 청소년들을 토대로 믿음의 세대가 만들어질 때 이 땅에 놀라운 변화와 혁명이 찾아오고 이 땅이 변화될 것을….

  그래서 나는 오늘도 그들과 함께 뛰고 있다.

F A I T H   W I N S

왜 청소년들에게 믿음이 중요한가? 우리는 혹시 아이들을 교회에 데려다 놓는 것으로 만족하고 있지는 않은가? 청소년들의 삶을 근본적으로 바꾸는 사역의 최고 승부수, 믿음의 진수를 만나 보자.

Part 01

누가 뭐래도 믿음이 이긴다

Chapter 01 믿음의 하향 평균화가 문제다
Chapter 02 그래도 교회 오는 것은 믿음 때문이다
Chapter 03 믿음을 승부구로 선택하라
Chapter 04 그들이 교회에 남는 이유, 떠나는 이유
Chapter 05 고3들, 믿음의 강편치를 날리다
Chapter 06 무제한의 믿음에 도전하라
Chapter 07 믿음이 자라면 기도하게 된다
Chapter 08 믿음의 불길이 각 학교로 번지다
Chapter 09 믿음은 인터넷을 통해 세계로 퍼져 나간다
Chapter 10 믿음은 새로운 믿음의 세대를 만든다

Chapter 01

믿음의 하향 평균화가 문제다

이제는 전설처럼 전해 오는 이야기가 있다. 1924년 파리 올림픽, 100미터 우승 후보로 스코틀랜드 출신의 에릭 리델(Eric Liddel)이 있었다. 에릭은 그간 영국의 모든 대회를 휩쓸며 명실공히 영국 육상의 영웅으로 떠올랐다. 아버지가 중국 선교사였던 그는 독실한 크리스천이었다. 그런데 올림픽 첫 예선 경기가 주일에 편성되자 그는 고민 끝에 출전을 포기했다. 이로 인해 영국 국민들로부터 '조국을 버린 위선자'라는 비난을 들어야 했다. 그리고 동료 선수 헤럴드가 에릭의 기록에 못 미치는 기록을 내고 금메달을 받았다.

얼마 후 400미터 경기가 진행되었는데, 영국 대표 선수가 부상으로 출전하지 못하게 되면서 에릭이 대신 경기에 출전할 기회를 얻었다. 하지만 주 종목이 아니었기에 아무도 에릭을 주목하지 않았다. 에릭은 초반부터 엄청난 스피드를 유지했다. 저런 스피드를 유지하다가 쓰러져 죽을지 모른다고 아나운서가 걱정할 정도였다. 하지만 에릭은 모든 우승 후보자를 물리치고 47초 6이라는 세계 신기록을 내며 금메달을 목에 걸었다.

경기 후 우승의 비결을 묻자 그는 이렇게 답했다. "처음 200미터는 제 힘으로 최선을 다했고, 나머지 200미터는 주님의 도우심으로 빨리 달릴 수 있었습니다."

에릭의 일화는 오늘날 우리 신앙인이 감히 상상할 수 없는 이야기가 되어 버렸다. 그래서 전설이라는 표현을 썼다.

부모가 교회를 잘 다니고, 학생도 중고등부에서 곧잘 봉사를 했는데 어느 날 갑자기 자취를 감추는 경우가 있다. 학생을 만나서 이유를 물어 보면 '학원 때문에, 과외 때문에' 중고등부 예배 시간에 오기 힘들어 어른 예배를 같이 드린다고 이야기한다. 좋은 성적을 내기 위해서라면, 대학에 가기 위해서라면 청소년들은 주일 한 번뿐만 아니라 1년 내내 교회에 빠질 수 있는 상황이 되어 버렸다. 교회 중직을 맡고 있는 부모의 자녀들도 예외가 아니다. 대부분의 믿는 부모들은 자녀의 믿음을 중요하게 생각한다고 말하면서도, 일단은 자녀가 명문대에 들어가는 것이 더 중요하지 않느냐는 속내를 내비친다.

결국 이렇게 대한민국 청소년들의 신앙은 하향 평균화되어 버렸다. 부모들이 자녀의 대학 입시에 최우선 순위를 두고 자녀의 믿음을 위해서는 아무것도 투자하지 않고 무관심하다보니 자녀들마저 교회에 등을 돌리고 있는 것이다. 그래서 대한민국의 청소년들은 대학을 위해 목숨을 버릴 수는 있어도 예수님을 위해서는 아무것도 희생할 줄 모르는 세대가 되어 버렸다.

우리나라 중고등부의 문제를 지적할 때, 학생들이 교회를 많이 떠났다는 점을 중점적으로 보고한다. 주일학교 감소로 인한 미래 교회의 암울함을 지적할 때는, 현재 학생들의 수가 적은 것에만 집중한다. 물론 그것도 문제지만, 현재 남아 있는 학생들의 상태를 보면 앞으로가 더 걱정이다. 이 문제에 있어 작은 교회나 대형 교회나 형편이 다르지 않다. 지금 아래의 질문을 던진다면 중고등부 교역자나 교사들 가운데 과연 몇 명이나 떳떳하게 답변할 수 있을까?

"당신의 교회 중고등부가 드리는 예배는 진정한 예배라고 할 수 있습니까?"

"중고등부 예배 가운데 매주 성령이 임재하십니까?"

"예배에 앞서 얼마나 많은 학생들이 사모하는 마음으로 미리 예배를 준비하고 있습니까?"

"예배 시작 때 얼마나 많은 학생들이 자리에 앉아 있습니까?"

"당신의 교회 중고등부는 학생들의 영적 필요를 충분히 채워 주며 그들을 영적으로 성장시키고 있습니까?"

"당신의 교회에서 얼마나 많은 학생들이 예수 그리스도께 헌신하고 있습니까?"

대한민국 청소년들의 믿음의 하향 평균화는 나의 박사 논문 데이터가 보여 주는 결과였다. 제발 이런 결과가 나오지 않기를 간절히 바라며 데이터 작업을 했는데, 통계 프로그램인 SPSS는 마지막에 '믿음 없음'이라는 충격적인 결론을 내렸다.

나는 미션스쿨에 다니는 학생들 가운데서 교회에 다니는 학생들과 그렇지 않은 학생들의 삶이 실제로 어떻게 다른지 비교하는 논문을 썼다. 과연 교회에 다니는 학생들이 그렇지 않은 학생들보다 뛰어난 부분이 있는가를 찾는 논문이었다. 청소년들의 친구 관계, 부모 관계, 다양한 삶의 형태들, 청소년 비행에 대한 의식 등에 대해 믿는 학생과 믿지 않는 학생을 비교했는데, 논문 결과는 다음과 같았다.

"아무 상관없다!"

통계 데이터를 얻는 데만 1년이 넘게 걸렸는데, 통계 결과는 교회 다니는 학생이나 그렇지 않은 학생이나 삶에 아무런 차이가 없다고 매정하게 말하고 있었다.[1] 실은 내 논문에서만 이런 결과가 나온 것은 아니다. 주요 교단 신문이나 잡지, 청소년 관련 논문을 보면 비슷한 결과가 나와 있다. 크리스천 청소년과 넌크리스천 청소년은 의식과 삶에서 별 차이가 나지 않는다고 말이다.

이 모든 것이 신앙 자체가 하향화되었기 때문에 나온 결과다. 실제로 교회 안을 들여다보면, 간신히 교회에 붙어 있는 학생들이 꽤 많이 있다. 내가 아는 한 학생은 부모의 성화에 못 이겨서 마지못해 교회에 나왔다. 그 학생이 교회에 도착한 시간은 예배 마지막 순서인 축도 시간일 때가 많았다. 수련회를 비롯한 중고등부 행사에는 아예 관심조차 없었다. 중고등부 졸업예배가 그 학생의 마지막 예배가 되었다. 대학에 들어간 후로는 아예 교회에 발길을 끊었다. 이런 학생들이 지금 대한민국 곳곳에 무척이나 많다.

또한 교회는 다니지만 영적 경험이 전혀 없는 학생들도 많다. 내 논문에서 크리스천 학생들 가운데 매일 기도하는 학생은 30%였고, 매일 말씀을 묵상하는 학생은 12%밖에 없었다. 대한민국 크리스천 학생들 가운데 최소한 70-80%는 기도와 말씀과는 거

---

1) Junghyun Lee, *"A Study of Friendship Quality in Selected Korean High School Students and Its Possible Relationship to Spirituality,"* (Fort Worth: Southwestern Baptist Theological Seminary, 2010), 53.

리가 먼 형식적인 신앙생활을 한다는 사실을 알 수 있다. 믿음 자체가 전혀 형성되지 않은 청소년들에게 다르게 살기를 요구하는 것이 오히려 무리다.

    믿음과 전혀 상관없이 살아가는 교회 학생들의 모습을 자주 목격한다. 한번은 모 중학교 근처에서 학생들이 패싸움하는 광경을 보게 되었다. 요즘 아이들은 워낙 겁이 없고 무섭기 때문에 평소 나는 그런 광경을 목격해도 그냥 지나치는 것이 상책이라고 생각하는 사람이다. 기껏해야 조용히 112에 신고하는 정도다. 그런데 그날은 왠지 싸우는 자리에 가까이 가 보고 싶었다. 그런데 눈에 상당히 익은 아이들이 그 패거리 안에 있지 무언가? 우리 교회에서 믿음이 괜찮다고 여겨지는 학생이 두 명이나 거기에 있는 것을 보고 큰 충격을 받았다. 불과 얼마 전에 수련회에서 은혜 받고 믿음으로 살기로 결단한 아이들이 패싸움에 동참하고 있다니…. 얼마나 배신감을 느꼈는지 모른다.

    교회 학생들의 삶을 가까이서 들여다보면 그들이 학교나 거리, 교회 가릴 것 없이 얼마나 많은 욕설 가운데서 살아가는지 모른다. 교회에 와서도 여기가 교회라는 생각을 미처 못했는지 목사인 내가 옆에 있는데도 다른 친구에게 '×××' '××' 등의 욕을 서슴없이 한다. 심지어 교회에서 신앙 훈련을 받는 학생이 학교에 가서는 일진 노릇을 하며 동급생들에게 '셔틀'을 시키는 일도 있다.

많은 교회들이 그저 학생들이 교회에 출석하는 것에만 만족하고 있는 것처럼 보인다. 하도 교회에 나오지 않으려고 하니 일단은 교회에 데려다 놓기만 하면 다 된 것으로 생각하는 듯하다. 학생들이 신령과 진정으로 예배드리는 것에는 큰 관심이 없는 것 같다. 중고등부 학생들의 영적 성숙이 당회의 의제가 되는 경우를 보았는가? 학생들이 교회에 나오는 것만으로도 감사하는 수준이 한국 교회 대부분의 모습이 아닌가 생각해 본다. 믿음은 행함으로 증명되는데, 그런 의미에서 우리나라 청소년들의 믿음은 하위권에 맴돌고 있다.

지금 우리의 숙제는 하향 평균화된 학생들의 믿음을 어떻게 상향 평균화시키느냐 하는 것이다. 이 숙제를 제대로 하지 못한다면 한국 교회의 쇠락은 생각보다 훨씬 빠른 속도로 진행될 것이다. 오늘날 쇠락한 유럽 교회의 모습을 머잖아 이 땅에서 보게 될지도 모른다.

Chapter 02

그래도 교회 오는 것은
믿음 때문이다

믿음이 별로 없어 보이는 아이들이 굳이 교회에 나오는 이유는 무엇일까? 주일날 학생들이 교회에 오는 모습을 보면 대충 이렇게 나눌 수 있다. 예배 전에 오는 학생 20%, 찬양 중에 오는 학생 20%, 설교 시간 중에 오는 학생 20%, 설교 끝나고 오는 학생 20%, 예배 끝나고 오는 학생 20%. 우리 학생들은 왜 이런 모습으로 교회에 올까?

요즘 우리 학생들의 모습 속에서 '믿음'이라는 것을 찾아보기가 쉽지 않기에, 그들이 교회에 간다고 하면 '친구 때문에' 또는 '부모 때문에' 가는 정도로 생각할 수 있다. 좀 더 나아가, 인터넷을 달구는, 이른바 '교회 오빠'나 '교회 누나'로 상징되는 이성을 만나기 위해 교회에 나오는 경우도 생각해 볼 수 있다.

미국 사우스웨스턴 신학교(Southwestern Baptist Theological Seminary)에서 은퇴한 웨스 블랙(Wes Black) 교수는 수년간에 걸쳐 고등학생과 대학생들이 교회에 출석하는 이유에 대해 개별 인터뷰를 통한 연구를 했다. 그 결과 학생들이 교회에 출석하는 이유의 1위가 놀랍게도 '영적 갈급함'이라고 했다. 2위는 '친구를 만나기 위해서', 3위는 '습관적으로', 4위는 '영적인 것에 흥미가 있어서'라고[2] 답했다. 미국 바나 그룹(The Barna Group)에서도 2,400명의 청소년들을 대상으로 교회에 가는 이유가 무엇이냐고 물었는데, 가장 많이 나온 답변이 '하나님을 깊게 믿기 위해서'와 '하나님과 깊은 영적 관계를 갖기 위해서'였다.[3] 블랙 교수의 연구와 바나 그룹의 조사는 같은 결과를 보여 주고 있다.

학생들이 교회에 나오는 가장 큰 이유는 영적인 충족을 얻기 위해서, 즉 믿음의 성장을 위해서라는 것이다. 아무리 믿음이 적은 것 같은 학생일지라도 믿음 때문에 교회에 다니고 있다는 사실을 반드시 명심해야 한다.

실제로 학교를 방문해 보면 이와 비슷한 느낌을 받는다. 얼마 전 학교 심방 후 늦은 시간에 한 학생에게 문자가 왔다. 자기 친

---

[2] Wesley Black, "Youth Ministry That Lasts: The Faith Journey of Young Adults," *The Journal of Youth Ministry* 4, no 2 (2006): 22.
[3] Time, "How to Get Teens Excited About God," (Nov 1, 2006).

구 중 한 명이 다른 교회를 다니는데 오늘 나를 만난 이후에 우리 교회로 옮기고 싶어 한다는 내용이었다. 우선은 안 된다, 지금 출석하고 있는 교회에 열심히 다니도록 하라는 답변을 보냈다. 그런데 또 다시 문자가 왔다. 그 친구도 그러고 싶은데, 지금 다니고 있는 교회의 중고등부 학생들은 예배 시간에 거의 전부가 고개를 숙인 채 스마트폰만 하고 있는 분위기라서 믿음 생활에 전혀 도움이 되지 않는다는 것이었다. 그래서 그 친구의 오빠도 부모님의 허락 하에 다른 교회에서 신앙생활을 하고 있고, 친구도 지금 다른 교회에 가서 제대로 된 믿음 생활을 하고 싶어 한다는 내용이었다.

어린이 주일학교나 중고등부 사역을 하는 경우 사역자들이 간혹 놓치는 부분이 있는데, 그것은 바로 학생들이 교회에 오는 진정한 이유에 대한 것이다. 믿음 없어 보이는 학생들의 모습을 보면서 '과연 저 아이들이 믿음 때문에 교회에 오는 걸까?' 라는 생각을 하게 되는데, 실제로 학생들은 믿음 때문에 교회에 나온다. 믿음을 찾아서 교회에 오는 학생들은 이른바 열성 있는 소수가 아니라 다수의 크리스천 학생들이다.

실제로 우리 교회 학생들 전체를 대상으로 설문조사를 해보았는데, 무려 76%의 학생들이 믿음이 자기 신앙생활에 매우 중요하며, 그것이 바로 자신이 교회에 출석하는 이유라고 답했다. 교회 다니는 데 있어 믿음이 별로 중요하지 않다고 답한 학생은 고작 3%밖에 되지 않았다.

문제는 교회 중고등부에서 우리 학생들의 믿음을 제대로 다루지 못하고 있다는 것이다. 믿음과 관련해 대개는 두 가지 모습을 보인다.

첫째, 학생들의 믿음에 관심은 있지만 믿음을 다루는 방식에 문제가 있는 경우다. 담당 사역자 자신이 생각하는 믿음의 전달 방식을 무조건 고집한다든지, 그간 중고등부가 해왔던 전통 방식을 두 번 생각지 않고 계속 밀고 나가는 경우다. 신앙의 본질은 시대와 관계없이 불변하지만, 신앙을 교육하는 방법은 시대에 발맞춰 달라져야 한다. 오늘날 학교 공교육이 실패했다는 말이 나오는 이유 중 하나도 교육 방법이 잘못된 데서 찾을 수 있다. 이 시대에 전혀 맞지 않은 교육 방법론이 여전히 현장에 남아 있고, 교사들이 가르치는 모습을 보아도 참신함이 많이 떨어진다.

둘째, 학생들의 믿음에 대한 부분을 거의 포기하면서 믿음의 성장을 단지 희망사항으로 두는 경우다. 지금의 중고등부가 마이너스 성장하지 않도록 유지만 잘하면 그만이라는 생각이다. 그래서 학생들의 믿음에 관심을 갖기보다는 그들이 좋아할 만한 프로그램과 그에 걸맞은 상품에 투자를 한다. 재정적으로 여유가 있는 교회는 유명 연예인을 초청한다든지, 학생들이 혹할 만한 고

가의 상품을 경품으로 건다. 그러면 학생들은 한 번쯤은 교회에 나올 것이다. 하지만 그만큼 기대치가 높아져 교회는 다음 행사를 더 크고 화려하게 준비해야 한다는 부담을 안게 되고, 인원을 동원하기조차 힘들게 된다.

청소년 사역자라면 원론적인 질문으로 돌아가 학생들이 교회에 나오는 궁극적인 목적이 무엇인지 물어야 한다. 학생들의 믿음 자체에 관심을 가져야 한다. 나는 확신한다. 믿음으로만 승부해도 충분히 중고등부의 전도와 성장, 부흥 등 모든 것을 경험할 수 있다.

실제로 학생들은 믿음 때문에 교회에 나온다. 믿음을 찾아서 교회에 오는 학생들은 이른바 열성 있는 소수가 아니라 다수의 크리스천 학생들이다.

Chapter 03

믿음을 승부구로 선택하라

20대 중반에 처음 중고등부 전도사 사역을 시작했는데, 두 해 정도 시행착오를 거치니 나름대로 사역의 패턴을 잡을 수 있었다. 그 후로 청소년 사역을 하면서 영적 성장과 양적 성장을 모두 경험했다. 그리고 나름대로 청소년 사역의 전성기에 있다고 생각될 즈음에는 미국으로 유학을 떠났다.

미국에 가서도 이민 교회에서 2세들을 대상으로 계속 청소년 사역을 했다. 이렇게 하면 청소년 사역을 잘할 수 있다는 나름의 노하우를 가지고 한인 2세들에게 다가갔다. 그런데 이상하게도 하는 프로그램마다 잘되지 않았다. 작은 이민 교회에서 실패를 겪으니 피부에 와 닿는 자괴감은 더욱 컸고 급기야 사임을 표명했다. 하지만 교회에서 사표를 반려해 울며 겨자 먹기로 청소년 사역을 이어 가야 했다.

당시 내가 줄곧 기도하고 고민했던 문제는, 문화와 언어가 다른 한인 2세들에게 어떻게 다가갈까 하는 것이었다. 이것은 무척 중요한 문제였다. 청소년 문화를 잡지 못하면 청소년들과 소통을 할 수 없고, 그러면 사역도 제대로 해낼 수 없기 때문이었다. 새로운 문화와 언어권에 있는 학생들에게 다가가기란 쉬운 일이 아니었다. 나는 고민하며 계속 기도했다. 기도 가운데 마침내 성령께서 주신 답은 의외로 단순했다.

"다른 것에 신경 쓰지 말고 학생들의 믿음 자체에만 집중하라!"

학생들의 믿음이 성장하도록 그들에게 기도와 말씀 훈련을 시키라는 음성이 심령에 강하게 울렸다. 나는 즉시 하던 모든 프로그램을 접고 학생들에게 매일 큐티 하는 훈련을 시켰다. 날마다 성경을 세 장씩 읽게 하고, 기도 제목을 열 개씩 적게 하며, 일정한 시간에 기도하게 했다. 학생과 함께 교회에 출석하는 부모들에게도 협조를 구했다. 학생들이 교회에서 내주는 말씀/기도 숙제를 잘하는지 매일 점검하도록 했고, 매주 교회에서도 이를 점검했다. 교회에 이른바 '교회 숙제(Church Assignment)'라는 전문 용어까지 생겨났다.

처음에는 과연 학생들이 잘할까 하는 우려가 많았는데 의외로 잘 따라왔다. 시간이 지날수록 훈련에 참여하는 학생들이 많아졌다. 1년이 조금 넘어가니 학생들 전원이 교회 숙제 운동에 참여하게 되었다. 그리고 그들 안에서 미묘한 변화가 일어나기 시작했다.

미국 이민 교회에서 2세 청소년 사역은 영어로 해야 하는데, 유학생 사역자의 영어 수준으로는 한계가 많았다. 처음에 학생들에게 기도제목을 적어서 내라고 했더니 '목사님의 영어 수준이 향상되길 원합니다' 라는 기도제목도 나왔다. 설교할 때 영어 문법이 조금 틀린다든지, 미국에서 사용하지 않는 어색한 표현을 쓰면 그 자리에서 웃음거리가 되었다. 영어로 사역을 하면서 미처 생각지 못한 일과 말 못할 어려움이 많았다.

그런데 학생들이 한창 기도와 말씀 훈련을 잘 받고 있는 시기에 내가 잠시 한국에 갈 일이 생겨서 영어가 무척 유창한 백인 친구 목사에게 설교를 부탁하고 자리를 비운 적이 있었다. 그때 한 학생에게 이런 편지를 받았다. "목사님 빨리 오세요! 목사님 설교가 그리워요."

내가 전보다 영어 실력이 늘어서 그 학생이 내 설교가 그립다고 말한 게 아니다. 다만 그 학생의 마음에 변화가 생긴 것이다. 담당 목사인 나를 전보다 더 영적으로 존경하게 된 것이다. 그 학생뿐 아니라 중고등부 전체가 나를 대하는 태도가 달라지기 시작했다. 한 번도 의도한 적은 없지만 학생들의 영적 변화가 담당 목회자를 존경하는 쪽으로 그들을 이끌고 간 것이다.

학생들의 영적 변화는 예배 시간에서도 찾아볼 수 있었다. 영적으로 성장한 학생들은 예배에 집중하기 시작했다. 외부 사람들의 눈에는 찬양 인도자가 1명도 없이 허접해 보일 수도 있는 찬양 시간이었다. 하지만 인도자가 있고 없고는 중요하지 않았다. 학생들은 주님을 향한 찬양 그 자체를 사모했다. 여러 시리즈 설교와 강해 설교로 진행되는 말씀 시간에 집중하지 않는 학생은 아무도 없었다. 예배에 지각한다든지 결석하는 학생을 찾아보기 힘들었다.

그 지역에서 우리 교회 중고등부의 얘기가 돌기 시작했다. 크지 않은 교회지만 학생들이 믿음 생활을 잘하며 삶이 단정하고 공부도 모두 상위권이라는 소문이 났다. 미국의 많은 도시가 그런 것처럼, 우리 지역의 중고등부 기간은 7년이었는데, 우리 교회 학생들이라면 모두 고등학교를 졸업할 즈음 성경을 일곱 번은 읽게 되어 있었다. 매년 5월 마지막 주, 어른 예배 시간에 고등학교 졸업 수료식이 진행되었다. 이때 학생들이 돌아가면서 성도들 앞에서 신앙 간증을 했다. 학생들은 하나같이 기도와 말씀을 통해 달라진 자신들의 모습을 이야기했다. 그 광경을 보면서 많은 교인들이 감격의 눈물을 적셨다.

더 큰 역사는, 우리 교회 학생들 가운데 고등학교를 졸업한 후 교회를 떠난 학생이 한 명도 없었다는 것이다. 그것은 쉽게 설명할 수 있는 현상이 아니었다. 현재 미국에서는 고등학교 졸업은 곧 교회 졸업이라는 등식이 성립되고 있다. 실제로 고등학교 졸업과 동시에 교회를 떠나는 학생들이 70-80%에 이른다. 그러나 매일 기도하고 말씀 가운데 거하는 학생이라면 졸업을 했다고 해서 교회를 떠나는 일은 있을 수 없다. 혹 멀리 다른 주나 도시에 있는 대학에 가더라도 오직 주님을 붙잡고 살게 되어 있다.

중고등부 사역의 성패 여부는 절대 프로그램에 달려 있지 않다. 중요한 것은 믿음이다. 학생들에게 믿음을 심어 주면 그 사역은 성공하고, 그렇지 못하면 실패하고 만다. 시편 126편 6절 말씀처럼, 울며 믿음의 씨를 뿌리면 반드시 기쁨으로 결실을 거두게 되어 있다. 믿음의 씨앗을 뿌릴 때 30배, 60배, 100배를 거두는 기적이 일어난다.

많은 사역자들이 좋은 프로그램에 기대고 싶은 유혹을 쉽게 받는다. 하지만 세상에 어떤 프로그램도 영원하지 못하며 절대적이지도 않다. 오로지 믿음만이 영원하며 최고의 프로그램이다. 믿음이라는 돌직구를 선택해 승부구로 삼는다면 반드시 좋은 결과를 보게 될 것이다.

Chapter 04

그들이 교회에 남는 이유, 떠나는 이유

18년간 청소년 사역을 하면서 자주 듣는 질문이 있다. "무엇이 성공한 청소년 사역이고, 무엇이 실패한 청소년 사역인가?" 일반적으로는 수적 성장을 이루면 사역을 잘했다고 본다. 하지만 일시적인 수적 성장보다 더 중요한 것은 학생들이 교회 중고등부를 졸업한 후에 어떻게 신앙생활을 하는가다. 지금 내가 가르치고 있는 학생들이 잠깐 교회에 머무는 게 아니라 영원히 머물러 있게 하는 것이 훨씬 중요하다.

이 문제를 가슴에 안고 그동안 가르친 학생들을 나름대로 분석해 보았다. 어떤 학생들은 고등부 시절에 믿음이 좋다고 평가받고 열심히 교회 생활을 했는데, 지금 수소문해 보니 교회를 떠나 있었다. 오히려 고등부 시절에는 믿음이 크지 않았던 것 같은데,

성인이 되고 나서 믿음 생활을 더 잘하는 학생들도 있었다. 과연 어떤 학생들이 계속해서 신앙생활을 하고, 어떤 학생들이 교회를 떠날까? 그들이 교회에 남는 이유, 그리고 떠나는 이유를 알 필요가 있다.

우선 학생들에 따라 믿음의 수준이 다르다는 사실을 알아 둘 필요가 있다. 즉 믿음이 좋은 학생, 보통인 학생, 믿음이 없는 학생이 있다. 믿음에 상, 중, 하의 수준이 있는 셈이다. 앞서 밝힌, 내 논문의 데이터 결과는 학생들의 믿음과 삶이 별 상관없음을 보여 주었다. 그러나 학생들의 믿음을 상, 중, 하로 나누어 좀 더 조사해 보니 다른 결과가 나왔다. 특별히 믿음이 좋은 학생들은 그렇지 않은 학생들과 비교해 볼 때 삶에서 큰 차이를 보였다. 청소년들의 신앙 자체가 하향 평균화되어 있어 불신자들과 별 차이가 없는 것처럼 보이지만, 믿음의 수준이 높은 학생들은 불신자 그룹과 확연한 차이를 보였다.

나는 사역 경험을 토대로 학생들의 믿음을 7단계로 나눠 보았다. 첫째 단계는 맨 하위 층에 있는 '방황인'이다. 말 그대로 아직 주님을 만나지 못해 방황하는 학생들로서 이들은 가끔 생각날 때 교회에 모습을 드러낸다.

둘째 단계는 '외부인'이다. 흔히들 아웃사이더라고 말한다. 이 부류에는 모태 신앙인 학생들이 많이 있으며, 이들은 교회 예배

★ 믿음의 단계에 따른 청소년 구분

에는 빠지지 않고 참석하지만 수련회 등의 교회 행사에는 매우 소극적이다.

셋째 단계는 '관심인'이다. 이 단계의 학생들은 중고등부에서 하는 재미있는 행사에만 관심을 갖는다. 신앙과 관계없이 행사 때가 되면 어김없이 등장하는 학생들이 여기에 속한다.

넷째 단계는 '신앙인'이다. 앞의 1-3단계와는 큰 차이를 보인다. 이 단계의 학생들은 인격적으로 주님을 만난 경험이 있다. 간혹 흔들릴 때도 있지만 자신의 믿음에 뚜렷한 확신이 있는 학생들이 이 그룹에 포함된다.

다섯째 단계는 '헌신인'이다. 신앙을 고백한 학생들 가운데서 중고등부 사역에 관심을 갖는 학생들이 여기에 포함된다. 교회 임원이나 찬양팀 학생들이 많다.

여섯째 단계는 '경건인'이다. 신앙을 고백한 학생들 가운데서 규칙적으로 경건 활동을 하고 있는 학생들이 여기에 속한다. 경건인에 포함된 학생들은 규칙적인 기도와 말씀 생활이 완전히 생활화되어 있다.

일곱째 단계는 '사역인'이다. 여기에 속한 학생들은 뜨거운 믿음을 안고 하나님 나라를 위해 자기 인생을 헌신하기로 결심한다. 이중에는 뚜렷한 비전과 목표를 갖고 구체적으로 미래를 준비하는 학생들도 있다.

이 구분법에 따르면, 넷째 단계인 '신앙인' 이상이면 학생들이 졸업 후에도 믿음 가운데 설 것으로 보인다. 그런데 중고등부 안을 들여다보면, 열심히 헌신하고 교회에서 회장, 부회장 등의 임원을 맡았던 학생들 중에도 간혹 교회를 떠나는 경우가 있다. 이유는 아마도 둘 중 하나일 것이다. 이전에 가졌던 믿음이 가짜였거나, 아니면 시험에 흔들려 잠시 방황하고 있는 것이다.

수년간 청소년 사역을 하면서 한 가지 발견한 사실이 있다. 6단계인 '경건인' 이상의 믿음 생활을 한 학생들 중에서 아직까지 교회를 떠난 학생을 본 적이 없다는 것이다. 중고등학교 시절부터 매일 기도와 말씀 생활을 하는 학생들의 신앙은 확실하다고

볼 수 있다. 그러므로 교회에서는 학생들을 지도할 때, 그들의 믿음 분량을 '예수 영접'에서 그치지 않고, 매일 경건의 훈련을 하는 '경건인' 이상으로 끌어올리는 것을 목표로 해야 한다. 물론 쉽지 않은 일이다. 어른들 중에서도 매일 기도와 말씀 생활하는 것이 습관화된 교인이 얼마나 되겠는가? 하지만 이 기준을 채우지 않고서는 학생들의 믿음을 보증하기가 어렵다.

교회는 지금 청소년들이 몇 명 모였네 하는 것으로 왈가왈부할 게 아니라 지금 우리 교회 학생들 가운데 경건인 수준에 오른 학생들이 몇 명 있는가에 관심을 가져야 한다. 이런 시각으로 볼 때, 어쩌면 베스트셀러 「철인」(규장 펴냄)의 저자 다니엘 김의 이야기처럼 작은 교회가 목표를 더 쉽게 이룰 수 있다. 다니엘 김은 청소년 시절에 작은 교회를 다녔는데, 학생이 두 명밖에 없었다고 한다. 훗날 그 두 명 중 한 명은 목사가, 다른 한 명은 선교사가 되었다.

하워드 헨드릭스(Howard Hendricks)의 글에 실린 이야기도 기억난다. 헨드릭스가 시카고의 무디기념교회에서 열린 주일학교대회에 참석했는데 83세의 노파가 온 것을 발견했다. 그는 속으로 '교회에 얼마나 교사가 없으면, 이렇게 늙은 할머니까지 교사를 할까'라고 생각했다.

헨드릭스가 할머니에게 여기에 왜 왔느냐고 질문했더니 할머니는 "82세 때보다 더 좋은 교사가 되기 위해 배우러 왔다"고 답했다. 그 할머니는 중학생 1명의 영적 성장에 대해 큰 부담을 안고 수십 년간 이미 교사로 봉사해 왔음에도 불구하고, 그 안에 끊임없이 영적인 것에 대한 목마름과 배움에 대한 갈급함을 갖고 있었다. 할머니의 관심은 '어떻게 하면 나의 변화를 통해 아이들이 영적으로 커갈 수 있을까'에 있었다. 학생들 하나 하나의 영적 성숙에 꾸준히 관심을 가지고 노력한 덕분에 그 할머니를 통해 무려 84명의 목회자가 배출되었다.

우리 교회 학생들의 믿음의 수준은 어느 정도인가? 매일 기도와 말씀 생활을 하는 학생들은 얼마나 되는가? 오직 예수 그리스도밖에 모르며 주님께 인생을 헌신한 학생들이 얼마나 되는가? 학생들의 믿음의 수준을 높이는 것이 당장 우리가 사역자로서, 교사로서 교회에서 할 일이다.

Chapter 05

고3들, 믿음의
강펀치를 날리다

드림교회에 부임한 첫해, 유독 고3 학생들이 교회에 많이 나왔다. 매주 교회에 나오는 고3 학생들이 70-80명에 달했다. 여름 수련회 때가 되었다. 부장 집사님에게 들어보니 고3들은 대다수가 수련회에서 저녁 집회에만 참석한다고 했다. 이것은 교회 전체가 당연하게 여기는 분위기 속에서 수년간 관행처럼 내려온 일이었다.

사실 청소년 사역을 하면서 가장 싫은 것이, 고3 우상화와 중간, 기말고사 기간에 학생들에게 교회 결석 면죄부를 주는 것이었다. 대형 교회들 가운데 고3 학생들만을 위해 아침 이른 시간에 따로 예배 시간을 편성해 주일에도 학원과 과외 학습을 맘껏 받게 하는 행태가 있는 것도 눈엣가시였다. '기도는 엄마가 할 테니 너희는 공부만 열심히 해라'는 식의 학부모 기도회도 내가 가장 혐오하는 교회 프로그램 가운데 하나다. 현재 한국 교회는 믿음의 야성이 다 사라져 고3들이 교회에 나오는 것으로도 감지덕지하고 있다. 평소 이런 생각을 갖고 있는 내게 고3들의 수련회 부분 참석은 결코 용납하지 못할 일이었다. 실제로 수련회 기간 중에 왔다 갔다 하는 아이들을 보면 본인들도 은혜를 받지 못할 뿐 아니라 수련회의 전체 분위기를 망치기 십상이다.

'온전한 헌신'을 주제로 수련회를 진행했는데, 수련회 부분 참석을 일체 금지시키면서 시간의 헌신을 강조했다. 수련회에 온전히 참석하기 힘든 고3 학생이 있다면 아예 참석하지 않는 것이 좋겠다고 말했다.

그러자 학생들이 고민에 빠졌다. 학교 담임 교사나 부모에게 허락을 받기 어려운 학생들이 많았다. 그래서 허락받기 힘든 학생들에게 모두 기도할 것을 명했고, 그들 한 명 한 명과 따로 만남을 가졌다. 결과적으로 담임 교사와 부모의 반대 때문에 수련회에 불참한 학생들은 아무도 없었다. 역대 고3들 가운데 가장 많은 수가 수련회에 참석했다. 주일에 출석하는 고3 전체 인원 가운데 90%가 여름 수련회에 왔는데, 전 학년을 통틀어 가장 많은 수였다.

시간을 온전히 드리겠다고 마음먹고 온 학생들이어서 그런지 수련회는 여느 때보다 훨씬 더 뜨거웠다. 엄청난 은혜가 수련회

에 임했다. 마지막 날 저녁 집회 때, 나는 학생들에게 결단을 촉구하며 이렇게 말했다.

"나는 우상화가 정말 싫다. 하나님도 싫어하실 거야. 요즘 부모들은 자녀들을 명문대에 보낼 수 있다면 지옥에라도 간다는 말을 한다. 나는 수능 기도회도 정말 싫다. 대부분 보면 복을 비는 기복신앙적인 요소가 가득하기 때문이야. 당연히 비성경적인 일이지. 기도는 부모가 대신 하고 자녀는 공부만 하는, 말도 안 되는 일이 어딨니? 기도는 너희가 직접 하는 거다. 우리나라 교회가 점점 사그라지는 것은 청소년들이 기도하지 않기 때문이야. 과거처럼 등하굣길에 교회에 들러서 기도하는 학생이 몇이나 되니? 기도는 부모가 하는 게 아니라 바로 너희가 해야 할 일이야. 기도해라! 매일 기도해라!"

수련회가 끝나고 얼마 후 수능 D-100이 되었다. 교회에서는 학생들을 격려하면서 그들을 위해 특별히 기도를 해주었다. 그리고 다시 한 번 권면했다. "이제 더욱 더 기도해야 할 때다." "기도로 승리하렴."

그러고는 놀라운 일이 일어났다. 고3 학생 20명 정도가 수능 100일을 남겨 두고 매일 새벽기도를 드리기로 작정한 것이다. 가뜩이나 잠잘 시간조차 부족한 고3들의 결단이었다. 그들은 교복을 입은 채로 새벽기도회에 와서 기도하고, 기도회가 끝난 후 같이 큐티 하고, 도시락을 먹고, 학교로 향했다. 무려 100일 동안 그렇게 했다. 이것이 과연 말로 설명할 수 있는 일일까?

그때 기도했던 학생들 대부분이 지금은 청소년부 교사나 청년부 임원이 되어 교회에서 열심히 봉사하면서 믿음의 본을 보이고 있다. 그들은 아직도 교회의 전설로 남아 있다. 믿음의 전설, 기도의 전설!

그 후로 우리 교회의 전통은 고3이 되면 더 많이 기도하고, 더 열심히 예배하고, 더 뜨겁게 수련회를 갈망하는 것이 되었다. 열외는커녕 제자훈련과 임원 활동, 찬양팀 활동 등에 참석하며 더 열심히 봉사한다. 물론 공부는 공부대로 열심히 하면서 그렇게 한다. 전통은 만들기 나름이다. 분위기 역시 바꾸기 나름이다. 교회가 의지를 가지고 학생들에게 확실히 믿음의 동기를 부여한다면 어느 교회에서나 가능한 일이라고 믿는다.

고3 때는 공부가 아니라 믿음에 미쳐 있고, 예수님에게 미쳐 있는 시기가 될 수 있다.

우리 교회의 전통은 고3이 되면 더 많이 기도하고, 더 열심히 예배하고, 더 뜨겁게 수련회를 갈망하는 것이다. 고3 때는 공부가 아니라 믿음에 미쳐 있고, 예수님에게 미쳐 있는 시기가 될 수 있다.

Chapter 06

무제한의
믿음에 도전하라

드림교회 청소년부가 연말에 벌이는 큰 행사 중 하나가 회장단 선거다. 사전 접수하여 등록된 후보들이 선거 운동 기간을 거치고, 투표 당일 수백 명의 유권자들이 10개의 투표소에서 동시에 투표하는 광경은 대통령 선거는 저리 가라 할 정도로 열띤 양상을 보인다. 투표 후 30분이 지나면 개표 결과가 SNS를 통해 전파되는데, 몇 분 안에 조회 수가 100회를 찍을 정도다.

작년에 치른 총무 선거는 여느 해보다 더 뜨거웠다. 제자훈련을 이수하고 현재 사역팀에서 봉사 중인 고1 학생만 총무에 입후보할 수 있는데, 무려 7명이나 되는 학생들이 지원했다. 모두들 나름대로 내로라하는 아이들이었다.

결과적으로 찬양팀에 소속된 남학생이 4표라는 근소한 차이로

총무에 당선되었다. 워낙 성실하고 열심이 있는 학생이라서 선거 결과에 놀라지는 않았다. 담당 교사에게 그 학생이 언제부터 신앙생활을 했는지 물어 보았더니, 교회에 다닌 지 불과 1년밖에 되지 않았다고 했다. 지난 1년 동안 그 학생의 인생은 사도 바울과 같은 놀라운 회심과 변화를 경험했다. 교회에 출석한 지 한 달 보름 만에 수련회에 가서 예수님을 인격적으로 만나고 완전히 다른 인생을 살고 있는 것이다.

그 학생만 그런 것이 아니다. 우리 교회에는 한순간에 예수님을 믿고 달라진, 급진적 회심(Radical Conversion)을 경험한 학생들이 상당히 많다. 부모가 우리 교회에 출석하는 학생들은 50%밖에 되지 않고, 수많은 학생들이 전도되어 왔기에 그런 학생들이 더 많은지도 모르겠다.

내가 청소년 사역에 흥미 있어 하는 이유 가운데 하나가 '빠름'에 있다. 청소년기는 '빠름'의 시기다. 청소년들의 변화 속도는 LTE 스마트폰보다 훨씬 빠르다. 청소년기는 제2차 성징으로 인해 학생들이 하루가 다르게 육체적으로 성장하는 때다. 그런데 이 시기에 학생들은 몸뿐만 아니라 영적으로도 초고속 성장을 한다.

봄과 가을에 있는 두 번의 전도 집회를 통해 교회에 처음 발걸음한 학생들이 연간 500명은 족히 넘는 것 같다. 그것이 계기가 되어 교회에 정착하고 곧장 수련회에 가서 주님을 만나는 학생들이 매년 수십 명에 이른다. 그 안에서 바로 주님께 자기 인생을 바치기로 결심하며 임원, 찬양팀, 드라마팀, 댄싱팀 등에서 봉사하는 학생들이 많이 있다. 이렇게 빠른 영적 변화는 성인 사역에서는 찾아보기 힘들다.

왜 이런 현상이 청소년들에게 유독 잘 나타나는가? 그것은 하나님의 창조 섭리로밖에 설명되지 않는다. 청소년기에는 육체적 성장이 다방면에서 활발히 일어나는데, 그중에서 뇌의 성장에 주목할 필요가 있다. 특히 이 시기에는 뇌의 CEO 역할을 하면서 이성적이고 합리적인 사고를 관장하는 전두엽이 크게 발달한다. 그런데 청소년들이 아무리 빨리 성장한다 해도 이 시기에 전두엽이 완성되지는 않는다. 그래서 청소년들은 합리적인 사고가 힘들고 자기 절제나 충동 조절이 어려운 것이다. 왜 하나님은 다른 부분의 성장은 거의 다 완성되게 하시고 뇌의 전두엽만 완성되게 하지 않으셨을까?

내가 내린 결론은, 청소년 시기에 전두엽이 완성된다면 청소년들이 신앙에 대해 끊임없이 사고하고 의심하느라 그렇게까지 빠르게 큰 믿음으로 성장하지 못했으리라는 것이다. 전두엽이 미처 다 발달하지 않아 오히려 청소년기에 유명한 영웅들이 나오는지도 모른다. 알렉산더, 잔 다르크, 마르코 폴로 등은 모두 10대 때 영웅이 되었다. 골리앗 앞에 패기 있게 나섰던 다윗도 10대였다.

성인들은 처음 믿음이 생기고 난 후에도 끊임없이 사고하고 의심해서 더디게 반응하지만, 전두엽이 비교적 덜 발달한 청소년들은 믿음이 뇌로 들어가는 것이 아니라 바로 가슴으로 내려간다. 그래서 한번 믿음의 맛을 보면 엄청 뜨거워진다. 1년 만에 청소년부에서 중요한 직분을 맡을 수 있을 만큼 급진적으로 믿음이 성장한다.

예전에 내가 총신대 신학과에 입학하고 신입생 오리엔테이션에 갔더니, 몇몇 친구는 고3 때 예수님을 믿고 목회자가 되기로 결심하고 그 자리에 와 있었다. 청소년기에는 충분히 무제한의 믿음에 도전할 수 있다. 청소년기에는 믿음의 한계나 제한점은 존재하지 않는다. 누구나 최고의 믿음을 향해서 달려갈 수 있다. 교회는 청소년들의 믿음에 한계선을 두지 말고 그들이 최고의 믿음을 향해 전진할 수 있도록 격려해 줘야 한다. 그러면 매년 중고등부 사역을 하면서 가슴이 벅차오를 정도로 감동적인 모습들을 보게 될 것이다.

Chapter 07

믿음이 자라면
기도하게 된다

전도사 시절에 중고등부 여름 수련회를 은혜 가운데 끝냈다. 특별히 수련회 기간에 지속된 기도회는 끝이 보이지 않을 만큼 뜨거웠다. 내가 기도회를 이끈 게 아니라 학생들이 쉬지 않고 기도를 했다. 도저히 중간에 끊을 수 없었다. 그날 밤 장로님 한 분이 학생들을 격려하기 위해 아이스크림을 사 가지고 오셨는데, 결국 모두들 다 녹은 아이스크림을 먹을 수밖에 없었다. 기도회가 너무 늦게 끝났기 때문이다.

이런 기도의 열기가 이어질 수 있도록 학생들에게 수련회 이후에도 계속해서 기도하기를 권면했다. 그랬더니 학생들은 중고등부 예배 직후, 점심시간을 이용해 한두 시간씩 자체 기도회를 가졌다. 학생회장이 인도하고 나머지 학생들은 자발적으로 참여하는 형태의 기도회였는데 무척이나 뜨거웠다. 당시 중고등부실이 교회 식당 앞쪽에 위치하고 있었는데, 점심 식사를 하러 온 교인들 가운데 학생들의 기도 소리를 듣지 못한 이들은 아무도 없었다. 특히 당시 교회 중직자들을 중심으로 식사 후에 탁구를 치는 것이 유행이었는데, 학생들의 기도 소리 때문에 탁구 치는 모임은 그리 오래가지 못했다. 학생들의 기도 소리에 도전 받아 점심 시간에 장로 기도회가 새롭게 생기기도 했다.

중고등부의 믿음이 커간다는 것은 그 공동체 안에 기도의 열기가 뜨겁고, 기도하고 싶어 하는 학생들이 많아진다는 것을 의미한다. 드림교회 청소년부에는 수많은 기도회가 있다. 청소년부를 둘러싸고 있는 것들을 보면 전부 다 기도회다. 기도로 강력한 근육질을 유지하고 있으니 청소년부가 건강할 수밖에 없다.

주일 예배 한 시간 전에 있는 '청소년부 PPM 기도회(Powerful Praying Meeting)'에는 보통 100여 명의 학생들이 모여 뜨겁게 기도한다. 토요일마다 모이는 사역팀들의 모임은 무슨 기능을 연습하기보다는 기도회가 주 메뉴다. 한 달에 한 번씩 있는 '금요 Ask 10 파워 기도회' 역시 무척 뜨겁다. 금요일 늦은 밤에 200명의 학생들이 모여 '광란의 기도'를 하는 모습을 보면 놀라지 않을 수 없다. 간혹 다른 교회에 출석하는 학생들도 이 기도회에 참석하는데, 하루는 그중 1명이 이렇게 물었다. "목사님, 어떻게 애들이 이렇게 뜨겁게 예배하며 기도할 수 있죠? 제 상식으로는 믿기지 않아요."

무엇보다도 새학기맞이 특별새벽기도회(이하 특새)가 장관을 이룬다. 보통 200여 명의 학생들이 매일 새벽마다 교회에 기도하러 오는데, 교회 오기 힘든 상황 속에서 나오는 학생들이 상당수다. 믿지 않는 부모가 기도회에 못 가게 해서 몰래 새벽에 나오다가 걸린 학생들도 있고, 기숙사에서 그 시간에 외출을 허락하지 않아 아예 기숙사를 탈출하는 학생들도 있다. 심지어 가족 여행을 포기하고 홀로 기도하러 오는 학생들도 있다.

학생들이 하도 기도하는 것을 사모하자 자기 반 학생들을 자가용으로 두세 차례씩 교회에 태워다 주는 교사도 생겨났다. 학생들이 아침밥을 제대로 먹지 못하고 바로 등교하는 것이 가슴 아파서 매일 아침 반 아이들을 단체로 식당에 데려가서 식사를 하게 하는 교사도 있었다. 거기서 그치지 않고 그 학생들을 학교까지 바래다 주기까지 했다. 한 교사는 "제 딸한테도 못해준 아침 배웅을 일주일이나 했네요"라고 웃으며 말했다. 중고등부 교사들이 곧 학생들의 엄마이고 아빠인 셈이었다.

학생들이 새벽에 일어난다는 것은 무척 힘든 일이다. 대개가 늦은 시간에 자기 때문이다. 그렇다고 기도를 안 할 수도 없기에 어떤 반은 교사와 학생들이 단체로 찜질방에서 자고 기도회에 오기도 한다. 아예 밤을 새고 기도하러 오는 학생들도 많이 있다.

기도회가 끝나고 집에 가는데 너무 졸려서 전봇대에 헤딩을 하여 쓰러지기도 하는 등 웃지 못할 에피소드가 특새 기간에 많이 일어난다. 특새 기간에 많은 학생들이 함께 모여 기도할 때 역사도 많이 나타난다. 육신의 질병과 상처가 낫고, 가족의 문제가 해결되며, 교회를 몇 년째 쉬고 있던 부모가 다시 교회에 나오는 역사를 경험한다.

학생들의 믿음이 커진 것은 그들이 간절하게 기도하는 모습을 보면 알 수 있다. 중고등부의 건강성은 오직 기도에 있다. 한 부서가 기도하는 부서가 되기 위해서는, 먼저 담당 교역자가 기도의 참맛을 아는 기도의 사람이어야 한다. 그리고 교사들 모두가 기도하기를 즐겨야 한다. 그러면 학생들도 자연스럽게 기도하기를 좋아하게 된다. 만약 기도하지 않았는데도 부서가 성장하고 있다면 그것이야말로 아주 위험한 신호다. 모래 위에 빌딩을 세우는 것과 같기 때문이다. 기도는 건물의 기초 공사와 같다. 우리 중고등부가 기도하기를 좋아한다면 건강하다는 증거이고, 믿음의 본질 가운데 있다는 뜻이다. 믿음이 커질수록 기도 소리도 커진다.

기도하지 않았는데도 중고등부가 성장하고 있다면, 아주 위험한 신호다.
기도는 건물의 기초 공사와 같다. 중고등부가 기도하기를 좋아한다면
건강하다는 증거다. 믿음이 커질수록 기도 소리도 커진다.

Chapter 08

믿음의 불길이
각 학교로 번지다

드림교회 부임 초기부터 학생들에게 믿음의 실천을 무척 강조했다. 교회에서만 믿는 척 하지 말고, 각 학교에서 변화의 선봉에 서는 것을 비전으로 삼았다.

교회 학생들에게 우리나라 공교육 현장의 문제에 대해 설토하면 다들 쉽게 동의한다. 잠자는 시간으로 전락해 버린 수업, 카톡과 스마트폰 게임 등 개인 자유 활동 시간으로 변한 야간자율학습(이하 야자). 학교에서 학생들이 기다리는 것은 급식 시간뿐이다. 학교 폭력 등의 문제는 학교에서 해결하기 요원해 보이고, 교사에 대한 존경심은 가뭄에 콩 날 정도로 찾아보기 힘들다. 학생들은 교회에 와서도 자기가 다니고 있는 학교와 교사들을 거리낌없이 욕한다.

그래서 나는 수련회 때마다 학생들에게 이렇게 도전했다.

"학교를 비난하고 조소하기보다 우리 스스로가 먼저 변화되자. 그러면 학교도 충분히 변화될 수 있다!"

학교와 공교육의 실태를 보면서 불만을 쏟아내는 것이 아니라 학교와 공교육의 회복을 위해 기도하는 것이 우리의 비전임을 강조했다. 그리고 학교를 위해 기도할 학생들을 모집했다. 특별히 도시 전체의 모든 학교를 품고 기도할 것을 강력하게 촉구했다. 초창기에는 30-40명 정도의 학생들이 학교를 위해 기도하기로 결심했고, 시간이 지나면서 결심하는 학생들이 늘어났다. 지난 여름 수련회 때는 무려 수련회 참가 학생의 절반 이상이 매일 학교를 위해 기도하겠다고 결심했다.

학교를 위한 기도회에는 교사나 교역자가 개입하지 않는다. 그럴 경우 한시적으로 끝나는 기도회가 될 수 있기 때문이다. 자생력을 키워서 자발적인 기도회가 될 것을 학생들에게 주문했다. 기도할 수 있는 사람을 한두 명이라도 찾아서, 시간과 장소에 구애 받지 말고 기도하라고 도전했다. 처음에는 한두 학교에서 기도 모임이 작게 시작되었는데, 불씨가 서서히 커지면서 이제는 불길로 변했다. 기존의 기도 모임과 고등학교 중심이었던 기도 모임이 지금은 시내의 거의 모든 중고등학교로 번졌다.

우리 교회 학생들의 비전은 우리 교회에 국한되어 있지 않다. 적어도 도시 전체의 영혼을 품고 있다. 도시 전체의 학생들을 대상으로 기도하고 있다. 어떤 중학생들은 교회에 나온 지 한 달밖에 안 되었는데 학교에 대한 비전이 생겨서 기도회를 만들었다. 그리고 매일 점심시간마다 자기들끼리 모여 학교를 위해 간절히 기도한다.

어떤 중학교에서는 학교 측이 기독교를 탄압하고 나서는 바람에 기도회를 했던 장소를 더 이상 사용할 수 없게 되었다. 그러자 학생들은 그 일을 놓고 계속 기도했다. 그러고 나서 새로 부임한 교무주임이 독실한 교회 집사였다. 이후에 그 학교의 기도 모임은 더욱 불이 붙었다.

어떤 학교에서는 매일 기도회를 거의 부흥회처럼 한다. 보통 학생들이 40-50명이 모여서 기도하는데, 그 열기가 얼마나 뜨거운지 많은 학생들이 눈물 콧물을 다 쏟으면서 학교가 떠나갈 듯이 큰소리로 간절히 기도한다. 매일 야자를 끝내고 기숙사로 들어가기 전에 모여서 기도회를 하는데, 사실 학교 측에서는 이 기도회를 별로 좋아하지 않았다. 무엇보다 많은 학생들이 모여 있는 것 자체를 달갑게 보지 않았다. 심지어 기도회를 인도하는 학생을 불러서 조사까지 했다.

하지만 학생들은 기도를 포기하지 않았다. 학교 측에서도 이

기도회에 전교 1등부터 10등까지의 학생들이 대부분 포함되어 있어 나중에는 아무 말도 못했다는 후문이다. 결국 학교 안에서 기도회가 열리는 것을 싫어했던 교감은 학기 중에 전출을 가고, 믿음이 있는 교감이 새로 오게 되었다. 우리는 그것을 기도의 승리로 보았다. 이 학교의 경우, 학교 기도회를 통해 불신자 학생이 전도를 받아 교회에 새롭게 나오기까지 하는데, 많게는 한 주에 10여 명이 우리 교회에 등록하고 있다.

원래부터 '국기 게양대 앞 기도회(See You at the Pole)'가 있었던 학교는 그 기도회를 더욱 강화했다. 선배들이 수년간 이어온 기도회를 의무적으로 이어가는 게 아니라, 믿지 않는 친구들에게 자신의 믿음을 떳떳이 밝히면서 더욱 간절히 학교를 위해 기도하게 되었다.

급기야 '대한민국 청소년 자살 줄이기 캠페인' 차원에서 인터넷 포털 사이트에 청소년 자살 뉴스가 뜨면 한 끼를 금식하면서 기도하는 운동까지 하게 되었다. 청소년 친구들의 자살에 대한 책임을 크리스천 청소년들이 갖자는 취지다. 자살한 학생의 반에 제대로 된 믿음의 친구가 있었다면 그런 비통한 일은 일어나지 않았을 것이라는 생각에서 캠페인을 진행하고 있다. 교회에서도 많은 학생들이 이 캠페인에 동참하면서 더욱 간절히 학교와 다른 친구들을 위해 기도하고 있다.

우리 교회 학생들이 피워 낸 믿음의 불길은 지금 교회를 넘어 각 학교로 번졌고, 서서히 대한민국 전체로 향하고 있다. 바로 이것이 믿음으로 세상을 이기면서 사는 모습이 아니겠는가?

우리 교회 학생들의 비전은 우리 교회에 국한되어 있지 않다.
적어도 도시 전체의 영혼을 품고 있다. 그 믿음의 불길은 지금
교회를 넘어 각 학교로 번졌고, 서서히 대한민국 전체로 향하고 있다.

Chapter 09

믿음은 인터넷을 통해
세계로 퍼져 나간다

보통 여름 수련회 직후에 학생들의 믿음이 최고조에 이른다. 이때 매년 같은 유형으로 내가 설교하는 주제가 있는데, 바로 성(Sex)과 이성교제다. 보통은 학생들이 가장 좋아하는 설교 주제이기도 하다. 설교 집중도가 여느 때보다 두 배가 넘게 높다. 문제를 다루는 수위도 웬만한 데서는 듣기 힘들 만큼 높다. '성, 순결, 이성교제, 이상형 찾기, 음란물, 이성교제 준비에 필요한 것' 등 실제적인 문제를 다룬다.

7주에 걸쳐 이 문제를 집중 강조하면서 설교를 하는 이유는, 우리가 살고 있는 이 땅이 소돔과 고모라 같은 곳이기 때문이다. 대한민국은 세계 어디서도 보기 힘들 만큼 모텔촌이 많고, 술집들이 밀집되어 있다. 거리의 수많은 조명들은 새벽기도 시간이 될 때까지 반짝일 정도로 밤 문화가 발달되어 있다. 게다가 인터넷 보급률과 속도가 세계에서 가장 빠르고, 전국 어디에나 휴대폰 LTE 망이 잘 구축되어 있다. 덕분에(?) 하룻밤에 수만 개의 음란물이 P2P 같은 사이트로 올라온다. 이러한 환경 속에 살고 있는 학생들은 자연스럽게 왜곡된 성 의식과 이성관을 접하고 있다. 학생들이 바르게 교육 받기가 구조적으로 너무나도 힘든 사회라고 할 수 있다.

또한 우리 교회는 청소년 부서가 크다보니 교회 안에서 이성교제를 하는 학생들이 제법 있다.[4] 청소년들은 감수성이 예민하기 때문에 아무리 믿음이 좋아 보여도 한순간의 충동과 실수로 죄악에 넘어갈 수 있고, 이것은 자칫 잘못하면 부서 전체에 좋지 않은 영향을 줄 수 있다. 그래서 미리 성과 이성교제에 대해 터놓고 교육을 하는 것인데, 이성교제의 경우, 무조건 반대하기보다는 불신자들과는 다른 모습으로 이성과 사귈 것을 주문한다. 믿음으로 사는 것이 무엇인지 직접 삶으로 보여 달라고 이야기한다.

---

4) 드림교회 청소년부는 사역팀에서 봉사하는 학생들에게 교회 내 이성교제를 철저히 금하고 있다. 아무래도 사역에 집중하지 못하고 다른 친구들에게 좋지 않은 영향을 끼칠 수 있기 때문이다. 특히 회장단이나 팀장급 학생들은 이성에게 1%의 에너지도 사용하지 않고, 오직 주님께만 100% 힘을 다할 수 있는 학생들로 선발하고 있다. 약 120명의 사역팀 학생들 가운데서 이성교제를 하는 학생은 거의 없다고 본다.

이성교제 시리즈 설교의 핵심 내용 중 하나는 젊은 시절에 주님과의 연애에 가장 집중하자는 것이다. 청소년들이 지치지 않은 에너지와 넘쳐나는 열정을 가진 이유가, 그 모든 것을 다해 주님께 헌신하기 위함이라고 나는 믿는다. 설교 시간에 이 부분에 대해 집중적으로 이야기했더니, 한 학생이 페이스북 뉴스피드의 상태를 '연애 중'으로 바꿨다. 많은 친구들이 누구와 연애를 하는 것인지 궁금해서 들어가 봤더니 대상이 '주님'이었다. 그 학생은 우리가 지금 집중해서 사귈 이는 오직 주님밖에 없다고 소신 있게 자신의 믿음을 밝혔다.

이 일이 계기가 되어 청소년부 전체가 페이스북 뉴스피드 상태를 '연애 중'으로 바꾸는 운동을 하기로 했다. "나는 주님을 가장 사랑합니다. 나는 주님과 연애 중입니다." 이러한 가치를 다른 믿지 않은 친구들에게 보여 주자는 뜻이었다.

실제로 많은 학생들이 "내가 믿는 것을 아무도 모르게 하라"는 이순신 장군 스타일의 신앙생활을 한다. 급식 시간에 기도하기는커녕 자신이 크리스천인 것이 절대 드러나지 않도록 힘쓴다. 그러나 이런 모습으로는 세상 속에서 빛과 소금의 역할을 감당할 수 없다. 떳떳이 믿음을 밝히고 믿음 가운데서 살아가야 선한 영향력을 미치고 전도를 할 수 있게 된다. 학생들에게 믿음을 드러내고, 그 믿음에 합당하게 살 것을 늘 강조하고 있다.

학생들이 저마다 자신의 페이스북에 '연애 중'이라는 글을 올

리자 수많은 믿지 않은 친구들이 '아니, 이놈이 누구랑 사귀는 거지?'라고 궁금해하며 폭발적으로 클릭하고 댓글을 달기 시작했다. 이성에 대해 전혀 모를 것 같고 공부만 하던 친구가 '연애 중'이라고 상태 표시를 해놓자 다들 놀랐다는 듯이 "누구야?" "드디어!" "축하해" 같은 댓글을 넘치도록 달았다.

그러다 맨 위에 쓰인 '주님과 연애 중'이라는 문구를 보고는 "너랑 오늘 이후로 친구 안 한다" "이게 뭐냐?" "너 교회 다녔었냐?" "지금 장난 치냐?" "속았다!" "낚였다 ㅠㅠ" 등의 댓글들이 주루룩 달리기도 했다. 하지만 거기엔 우리 교회 학생들이 응원하는 댓글도 함께 달렸다. "축하해" "나도" "파이팅" "주님 사랑" 등. 특별히 학교에서 영향력을 발휘하거나 좀 놀아 본 학생들의 페이스북에는 댓글이 많게는 50여 개가 달렸다. 심지어 친구들의 욕설도 그 안에 있었다.

믿음을 노골적으로 드러내기란 쉬운 일이 아니어서 핍박이 따를 수 있다. 그래도 학생들은 포기하지 않고 계속해서 '연애 중'이라는 문구를 페이스북에 올렸다. 그렇게 해서 100여 명의 학생들이 '주님과 연애 중'임을 세상에 선포했다. 보통 학생 한 명당 페이스북 친구가 족히 수백 명은 되는데, 한 명의 글을 통해 수백 명이 작든 크든 영향을 받게 된 셈이다. 그렇게 100여 명의 학생들이 이 작은 일에 동참했으니, 그 영향력은 수천 명, 수만 명에게는 퍼졌을 것이다. 특히 온라인 SNS는 전 세계 사람들이 이용

하고 있으니, 전 세계 수많은 사람들이 우리 학생들의 믿음을 직간접적으로 보게 된 셈이다. 어떤 학생은 이 점을 의식했는지 '주님과 연애 중'을 영어(Relationship with Jesus)로 쓰기도 했다.

온라인의 파워는 생각보다 대단했다. 우리 도시에 사는 웬만한 학생들은 페이스북에서 '주님과 연애 중'이라는 글귀를 보았다. 비록 작은 표현이었지만 그것이 믿음이 적은 이들에게 큰 도전을 주고, 믿음이 없는 이들에게는 무언가 새로운 자극제가 되었을 것이라고 믿는다.

인터넷은 잘 활용하면 믿음을 가장 빠르게 전달하는 도구가 될 수 있다. SNS는 자신의 일상과 감정 상태를 주변인들에게 알리는 것을 뛰어넘어 나의 믿음과 신앙을 직간접적으로 수많은 사람들에게 가장 빠르게 전파하는 도구가 될 수 있다.

이번 기회에 우리 교회 학생들의 대부분은 '주님과 연애 중'이라는 고백이 얼마나 큰 힘을 가지고 있는지 경험했다. 그래서 틈날 때마다 온라인에서 '내 이야기'가 아닌 '주님 이야기'를 나누고자 힘쓰고 있다.

페이스북 뉴스피드 상태를 '연애 중'으로 바꾸는 운동을 했다.
"나는 주님을 가장 사랑합니다. 나는 주님과 연애 중입니다."
이러한 가치를 다른 믿지 않은 친구들에게 보여 주자는 뜻이었다.

Chapter 10

믿음은 새로운
믿음의 세대를 만든다

성장하는 중고등부를 보면 공통된 특징들이 있다. 많은 청년들이 중고등부에서 교사로 헌신하고 있다는 점이다. 고등부를 졸업하고 2-3년간은 무조건 중고등부를 돕는다는 멋진 전통을 이어 가는 교회들도 있다. 아예 청년대학부 안에 청소년 지원팀이 있는 교회도 있다.

    교회 청년들은 쉽게 청소년들의 롤모델이 될 수 있다. 수년간 봐왔던 교회 선배들은 청소년들에게 전혀 거부감이 없다. 친밀한 관계도 이미 형성된 상태다. 평소에 알고 지내던 친한 선배가 믿음 가운데 우뚝 서서 나타나면 청소년들은 큰 충격과 도전을 받는다. 부모가 하는 말들은 귀에 쉽게 들어오지 않지만, 선배들이 하는 말은 귀에 쏙쏙 들어와 박히는 법이다. 같은 교회 중고등부

출신의 청년들만큼 그 교회의 청소년들에게 강력한 영향을 끼치는 집단은 없다고 해도 과언이 아니다. 이런 면에서 청년들이 청소년 사역에 참여하는 것은 무척 중요하다.

드림교회에도 청소년부 안에 약 25명의 청년들이 교사로 섬기고 있다. 대부분이 20대 초반의 대학생들이다. 이들의 상당수는 예수님을 믿은 지 불과 3년이 넘지 않았다. 그런데 이들이 비슷하게 겪어온 과정이 있다.

매년 청소년부 전도 축제를 통해 500-600명이나 되는 새로운 학생들이 교회에 첫발을 내딛는다. 이들 가운데 비록 절대 다수는 아니지만 상당수가 교회에 정착한다. 학생들은 전도 축제를 보면서 평소에 생각했던 딱딱하고 지루하고 재미없는 교회의 이미지를 지우고 교회를 다시금 찾게 된다. 이때 교사들의 극진한 관리를 받으며 두 달 정도 출석하고 나면 수련회가 기다리고 있다. 수련회에 처음 참석한 학생들은 그곳에서 주님을 만난다. 그 다음에는 제자훈련을 받는다. 그러고는 교회에서 임원이나 찬양팀 등에 합류하여 봉사를 한다. 이런 유형이 매년 반복되고 있다.

여기서 한 단계 더 나가자면, 그 학생이 청소년부를 졸업하고도 청소년부에 남아서 교사로 봉사를 하는 것이다. 많은 경우에는 한 기수에 20명 정도가 그대로 청소년부에 남아 교사로 헌신하기도 했다. 후배들을 위해 믿음의 헌신을 하고 싶은 마음이 그

만큼 간절하다는 것을 반영한다. 보통 학부모나 장년 성도들은 이제 막 스무 살, 스물한 살 남짓한 청년들이 과연 교사를 잘 해 낼까 고개를 갸우뚱한다. 때론 학생들과 '섬씽(something)'이라도 생기면 어떡하나 하는 걱정을 앞세운다. 그런데 지금까지 보면 우리 교회 청년 교사들은 하나같이 열심히 사역에 임하고 있다. 이들 가운데서 실패한 교사를 본 적이 없다. 오히려 신앙생활을 20-30년 한 집사들보다 나은 경우도 많다.

청년 교사들의 힘은 어디에서 나오는 것일까? 아마도 자신들이 중고등학교 시절에 주님을 만난 사건이 몹시도 특별하기 때문에, 복음에 대한 그 첫사랑의 경험을 후배들에게 물려주고 싶은 마음에서 더 열심을 내는 것이 아닐까 생각해 본다. 아직 변화되지 않은 후배들을 보면 과거 자신의 모습이 겹쳐 보여 더욱 간절한 마음으로 그들에게 주님의 사랑을 전달하는 것이다. 학생들은 그러한 청년 교사들의 모습을 보면서 자연스럽게 '나도 저 선배처럼 되고 싶다' '믿음 생활을 하려면 저렇게 해야 한다'는 생각을 하게 된다. 중고등부 시절에 주님을 만났던 청년 선배들이 중고등부 학생들에게 신앙의 롤모델이 되는 것이다.

청년 교사들의 믿음이 후배들에게 자연스럽게 전수될 때, 새로운 믿음의 세대가 교회 안에 계속해서 생겨난다. 청소년 때 주님을 만나서 인생의 터닝 포인트를 경험한 청년들이, 과거의 자신과 같은 처지에 있는 청소년들에게 도전을 주면서 또 다른 청소년들이 인생의 터닝 포인트를 경험하는 것이다. 나중에 이들이 또 다른 청년 교사가 되어 또 후배들에게 믿음의 도전을 줄 것이다. 이렇게 끊임없이 반복되는 믿음의 전수를 통해 더욱 강력한 청소년부가 만들어진다. 믿음이 또 다른 믿음을 낳는 경우를 청소년부 안에서 많이 본다.

어떤 학생은 할머니가 무당이고 집안이 다 불교인데 교회에 나오고, 하나님의 강권하심 가운데 수련회 때 주님을 만나 인생이 변화되었다. 나중에는 집안에서 결사반대를 하는데도 목숨을 걸고 신앙생활을 했다.

그렇게 그는 청소년부를 졸업하고 곧장 교사가 되어 청소년부를 섬겼다. 예수님을 믿은 지 2년밖에 되지 않았고, 이제 스무 살 대학교 1학년인 청년이 교사가 된 것이다. 그는 매일 학생들에게 전화하고, 같이 밥 먹고, PC방과 사우나에 가면서 교사 부임 한 달 만에 학생들의 마음을 완전히 사로잡아 버렸다. 그러니 그 반이 부흥하지 않을 수 없었다. 학부모들 사이에서 그 청년에 대한 칭찬이 자자했다.

그는 나중에 자기 집안의 영적 가장 노릇까지 했다. 집안에서 홀로 예수님을 믿지만, 할아버지 기일에 자신이 직접 추도 예배를 인도하기까지 했다. 믿음의 연수는 짧지만 믿음을 제대로 받아들이니 한 사람의 인생이 이렇게 바뀌었다.

　우리 교회에는 이런 교사들이 한두 명이 아니다. 대학에 다니는 젊은 교사들에게 학생들과 어떻게 관계를 형성하느냐고 물어보면 대뜸 "한 달 용돈을 몽땅 털어서 먹을 것 사 주죠"라고 대답한다. 혼자 쓰기도 부족할 용돈을 후배들을 위해 아낌없이 나누는 것이다. 현재 예배 인도를 하는 교사로부터 청소년부의 주축을 이루는 상당수의 청년 교사들이 모두 이 범주 안에 든다. 그래서 매년 전도 축제를 할 때마다 나는 '과연 올해는 어떤 영혼이 새롭게 건져질까?' '누가 새롭게 태어날까?' 하는 즐거운 상상을 한다.
　믿음은 늘 또 다른 믿음을 낳는다. 믿음의 씨앗이 뿌려져 거듭난 영혼이 새롭게 생겨나고, 그 영혼이 새로운 교사로 자라나 또 다른 믿음의 씨앗을 뿌린다. 매번 새로운 믿음의 열매를 보는 즐거움이 나를 청소년 사역에 잡아 두고 있다.

중고등부 시절에 주님을 만났던 청년 선배들이 중고등부 학생들에게 신앙의 롤모델이 된다. 청년 교사들의 믿음이 후배들에게 자연스럽게 전수될 때, 새로운 믿음의 세대가 교회 안에 계속해서 생겨난다.

CHANGE FOR THE FAITH

믿음이 성장하는 중고등부가 되기 위해 해야 할 일은 무엇인가? 중고등부에 대한 기존의 낡은 의식과 체질을 어떻게 개선할지 고민하며 오랜 현장 경험에서 터득한 노하우에 귀 기울여 보자.

Part 02

성장하려면 바꿔야 한다

Chapter 01 F4 원리를 모든 프로그램에 대입시켜라
Chapter 02 SSS 원리로 예배를 바꿔라
Chapter 03 프로그램이 아닌 훈련 중심으로 바꿔라
Chapter 04 학생들을 들러리가 아닌 주인공으로 바꿔라
Chapter 05 천국 공동체로 분위기를 바꿔라
Chapter 06 자발적으로 전도하는 중고등부로 바꿔라

Intro

여름 수련회 둘째 날 집회 후 한 여학생이 상담을 신청했다. 대화를 해보니 우리 교회 학생이 아닌데 우리 교회 수련회에 참석한 것이었다. 근처에 있는 교회에서 작년에 중고등부 회장을 했던 믿음 좋은 학생이 우리 교회 수련회를 일부러 찾아온 것이다. 이유인즉슨, 고3 마지막 수련회에 가서 놀고만 오기 싫었다는 것이다. 자기 교회의 수련회는 대부분 노는 프로그램으로 구성되어 있는데, 고3이라는 소중한 시간을 도저히 노는 데만 투자할 수 없어서 은혜를 받기 위해 우리 교회 수련회에 참석했다고 말했다. 그리고 자신이 겪고 있는 신앙의 갈등에 대해 상담을 받고 돌아갔다.

최근에 어느 교회 장로님에게 전화가 왔다. 자기 딸이 교회에 흥미를 잃어서 우리 교회로 옮기고 싶다는데, 자신이 교회에서 맡고 있는 직분상 차마 승낙하기가 힘들어 전화를 했다는 것이다. 그렇다고 교회에서 영적으로 성장하지 못한 채 아무런 흥미도 느끼지 못하는 딸을 방치할 수도 없다고 했다. 솔직히 말해, 다른 교회 학생들이 우리 교회에 오는 것은 그렇게 달갑지 않다. 그런 경우 되도록이면 돌려보내는 것을 원칙으로 하고 있다.

그런데 이 대목에서 한국 교회의 중고등부 현실을 생각해 보지 않을 수 없다. 우리는 어떻게 하다가 이 정도까지 되었을까? 15년 전만 해도 작은 교회를 제외하고는 중고등부가 건재했다. 지금은 얼핏 짐작해 보건대, 중간 크기의 교회들마저 중고등부가 무너져 내린 경우가 많다. 아니 대형 교회들도 위기에 있다. 오죽하면 2011년 장년 출석 1만 명이 넘는 모 교회가 청소년 부서를 외부 선교 단체에 위탁했겠는가? 도무지 돌파구가 없어 보인다. 이런 상황에서 누가 가장 손해를 보겠는가? 다름 아닌 우리 학생들이다!

청소년들은 교회 안에서 믿음의 성장을 경험해야 한다. 그런데 현실을 보면 그렇지 못한 경우가 부지기수다. 그 이유를 크게 두 가지로 들 수 있는데, 우선은 학생들이 교회에 머무는 시간이 줄어도 너무 줄었기 때문이다. 공부하는 시간으로 보자면 세계 제일이 우리나라 청소년들이 아닌가! 학교, 학원, 독서실 등을 쫓아다니느라 대부분이 주일에 고작 한 시간 정도 교회에 머무는 실정이다. 그러니 믿음이 크고 말고 할 시간 자체가 없다. 교회가 학생들의 욕구를 제대로 반영하지 못하고 있다는 것도 또 하나의 이유다. 이를 반증하는 현상 중 하나로 학생들이 자신이 속해 있는 중고등부에 관심이 없다는 점을 들 수 있다. 실제로 한 조사 기관에 의하면, 80% 이상의 청소년들이 주일 부서 모임에 만족하지 못한다고 대답했다.[5] 만족함이 없는데 믿음이 성장할 리 만무하다.

우리 교회의 중고등부를 빨리 바꿔야 한다. 나는 이미 2008년도에 「잠자는 중고등부를 깨워라」(베다니 펴냄)에서 교회 중고등부를 빨리 바꿀 것을 주문했다. 변화에 가장 더디고 관심 없는 집단이 교회다. 교회 안에서도 주일학교 부서다. 바꾸지 않기 때문에, 즉 변화에 관심이 없기 때문에 학생들의 믿음이 성장하지 못하고 있다. 그러니 학생들이 교회를 떠나고, 주일학교가 무너져 내리는 것이다.

이 장에서는 학생들의 믿음 성장을 위해 어떻게 중고등부를 바꾸면 좋을지 나의 경험을 통해 방법론을 펼쳐 보겠다.

---

5) 최윤식 외, 「꿈꾸는 교사여, 절대 포기하지 마라」(서울: 브니엘, 2013), 42.

Chapter 01

F4 원리를 모든 프로그램에 대입시켜라

나는 그동안 청소년 사역을 하면서, 가장 먼저 '학생들이 좋아하는 교회 만들기'에 주안점을 두었다. 학생들이 먼저 중고등부를 좋아해야 그 다음에 믿음이든 무엇이든 심을 것이 아닌가? 무슨 일이 있더라도 학생들의 입에서 "목사님, 우리 중고등부 정말 좋아요" "교회 다니는 게 진짜 행복해요"라는 소리를 들어야 직성이 풀렸다. 그래서 이사를 가느라 다른 지역으로 떠나는 학생들은 이제 우리 중고등부에서 더 이상 예배드리지 못하는 것을 가장 슬퍼했다. 어떤 학생은 수련회에라도 참석하겠다고 멀리 이사를 떠난 후에도 방학 때 다시 교회를 찾아오는 경우도 있었다.

학생들이 좋아하는 교회, 학생들이 즐거워하는 중고등부란 어떤 곳인가? 수년간 나름의 노력 끝에 깨달은 것이 F4 원리다. 학

생들의 믿음 성장이라는 대전제 아래, 교회는 학생들에게 행복과 만족함과 즐거움을 주어야 하는데, 그러기 위해서 필요한 것이 F4다.

F4는 Fun(재미), Food(음식), Festival(축제), Future(미래)를 뜻한다.

F4 원리가 청소년부 안에 잘 녹아들어 있으면 우선은 학생들이 좋아하는 부서가 충분히 될 수 있다. 다음은 내가 그동안 해온 네 가지 노력이다.

첫째, 청소년부의 모든 모임을 재미있게 만들고자 했다(Fun). 청소년부 프로그램에 참가한 학생들이 매번 지루해하지 않고 웃게 만들기 위해 노력했다. 예배건, 설교건, 퀴즈건, 제자훈련이건, 수련회 프로그램이건 '재미'라는 요소가 빠지지 않도록 디자인했다.

그러기 위해 웬만한 TV 예능 프로그램을 완전히 소화하고 어떻게 적용할지 교사들과 함께 고민하고 또 고민했다. 다른 교회에서 성공한 재미있는 프로그램이 있으면 과감하게 따라했다. 매번 학생들을 재미있게 만들기란 정말 힘들다. 일주일 내내 개그만 생각하는 개그맨들도 PD에게 퇴짜 맞는 일이 대다수이고, 그때마다 실망하지만 다시 돌아서서 새로운 아이디어를 짠다고 하는데, 이게 모두 다른 사람을 재미있게 만들기 위해서다. 나 역시 학생들이 웃음을 그치는 순간, 우리 청소년부는 죽는다는 심정으로 최선을 다했다. 설교 시간에도 웃고, 분반공부 시간에도 웃고, 2부 순서에도 웃고, 모이면 웃음이 떠나지 않는 청소년부가 되도록 노력했다.

둘째, 언제나 먹을 것을 풍성하게 준비했다(Food). "모이면 먹는다"는 등식이 성립할 정도로 학생들이 있는 곳이면 늘 음식이 있도록 신경 썼다. 그렇다고 해서 매주 간식을 주지는 않았다. 자칫 먹을 것을 하찮게 여길 수 있기 때문이다. 먹을 것을 귀하게 여기는 마음을 최대한 심어 주고자 했다. 학생들 또한 전혀 기대하지 않은 순간에 먹을 것이 나오면 더 좋아했다. 교역자인 나나 교사들은 "먹을 것 없이는 학생들을 만나지 않는다"는 원칙을 고수했다.

셋째, 청소년 부서의 모임은 늘 축제를 지향했다(Festival). 예배로부터 전도 집회, 수련회 등에 이르기까지 청소년부의 행사는 학생들이 모두 함께하는 가운데 즐거움을 누리는 잔치 같은 분위기로 디자인했다. 한 번 치르는 행사로 끝나지 않도록 이후에 어떤 일들을 연계할지 고려했고, 최대한 학생들이 관심을 가지고 있는 문화적인 요소를 집어넣어 축제 분위기를 띄웠다. 그래서 우리는 '전도 집회'라는 단어 대신에 '청소년 축제'라는 단어를 사용한다.

넷째, 모든 교사들과 장년 성도들에게 청소년들이 교회의 미래라는 인식을 강력하게 심어 주고자 했다(Future). 학생들에게 설교할 때마다 강조하는 말이 있다. "너희가 무너지면 한국 교회가 무너진다. 너희가 죽으면 한국 교회가 죽는다. 너희가 부흥하면 한국 교회가 부흥한다!" 한국 교회의 미래는 전적으로 청소년들에게 달려 있다고 입이 마르도록 강조했다. 그래서 학생들 한 명 한 명이 교회 안에서 얼마나 가치 있고 귀중한 존재인지 다들 인식하도록 했다.

F4 원리가 청소년부 안에 자연스럽게 정착되면서 무엇보다 학생들이 달라졌다. 일주일 중에 교회 오는 날만 손꼽아 기다리는 학생들이 많아졌다. 어떤 학생은 일주일에 엿새는 교회에 가고 하루만 학교에 가면 좋겠다는 말까지 했다. 어떻게 해서든지 교회에 붙어 있으려고 노력하는 학생들이 늘어났다.

F4 원리가 교회에 정착한 지 2년 정도 지나자 청소년부에 대한 전체 학생들의 만족도가 95%를 넘어섰다. 교회에 처음 온 학생들조차 우리 교회 청소년부를 무척이나 좋아했다. 자연스럽게 새신자 정착률도 올라가게 되었다. 학생들은 스스럼없이 친구를

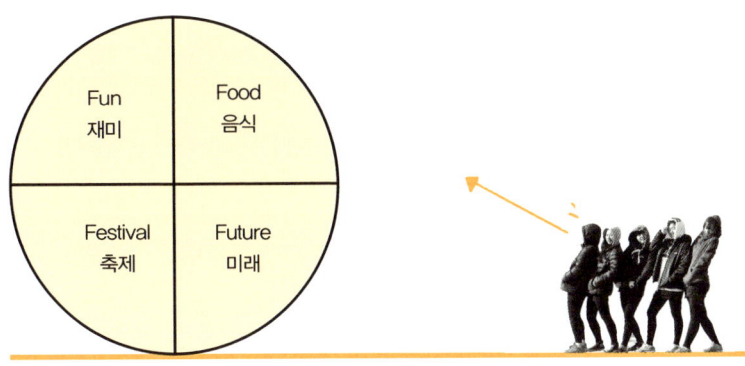

★ F4 원리

전도해 왔다. 특별히 예배에 대한 만족도는 98%가 넘었다. 예배 시간에 자거나 딴짓을 하는 학생은 찾아보기 힘들게 되었다.

이것은 놀라운 일이었다. 과거 청소년부가 중등부와 고등부로 나뉘어 있을 때, 중등부의 경우는 예배 자체가 거의 불가능했다고 한다. 학생들은 많이 모였지만 교사들이 매주 전쟁을 치르듯 예배를 드려야 했다고 들었다. 지금은 중등부와 고등부가 합쳐져 있는데, 중1 학생들도 대부분 예배드리는 태도가 좋다. 찬양과 설교 시간에 집중도가 꽤 높은 편이다.

F4가 정착되니 학생들의 믿음도 자연스럽게 커 나갔다. 학생들이 교회의 모든 시간과 프로그램에 집중하니 어떻게 믿음이 성

장하지 않을 수 있겠는가? 우리 교회 학생들에게 설교를 하다가 다른 교회에 가서 집회를 인도할 때면 정말 힘들다는 생각이 자주 든다. 반대로 외부 강사들이 우리 교회에 와서 학생들에게 설교할 때면 설교하기 편하고 좋았다는 이야기를 자주 듣는다.

이 모두가 연간 계획안에 있는 모든 프로그램에 F4 원리를 스며들게 하여 학생들의 만족과 집중도를 높인 덕분이다.

F4 원리

Fun	청소년부의 모든 모임을 재미있게 만들라.
Food	언제나 먹을 것을 풍성하게 준비하라.
Festival	청소년 부서의 모임은 늘 축제를 지향하라.
Future	청소년이 교회의 미래라는 인식을 심어 주라.

Chapter 02

SSS 원리로
예배를 바꿔라!

미국 유학 시절에 시간이 날 때마다 미국 교회 청소년 예배에 참석했다. 그 시간은 늘 흥분되는 시간이었다. 많은 미국 교회들이 청소년부만의 건물을 따로 갖고 있거나 멋지게 꾸민 청소년부 전용 공간이 있다. 또한 그들의 예배에는 현란한 조명과 멋진 밴드와 기가 막히게 설교를 잘하는 사역자가 있다.

그런데 이런 외적인 요소보다는 학생들의 예배 태도에 더 놀랐다. 예배 시간에 지각하는 학생들은 찾아보기 힘들었고, 내가 본 대부분의 청소년들은 예배 가운데 강렬한 성령님의 임재를 경험하고 있었다. 예배에 몰입하여 주님 만나기를 갈망하고 소망하는 그들의 모습이 몹시 부러웠다. 그러면서 '왜 우리나라 청소년들은 저렇게 예배드리지 못할까?' 하는 내면의 속삭임이 들려왔다.

결국 우리나라 청소년들의 믿음 문제는 예배 문제라고 볼 수 있다. 예배드리는 모습 하나만 보더라도 청소년들의 전반적인 믿음을 충분히 진단할 수 있다.

앞에서 밝힌 것처럼 우리나라 청소년들의 믿음이 하향 평균화되어 있다는 것은 그들이 드리고 있는 예배를 보면 알 수 있다. 주일에 대형 교회건 중형 교회건 소형 교회건 청소년들이 예배드리는 모습을 보라! 과연 그들의 예배가 하나님께서 받으시기에 합당한 예배인가? 몇몇 대형 교회를 탐방하면서 느낀 것은, 10년 전이나 지금이나 많은 학생들이 예배 시간에 상습적으로 지각하고 대부분이 예배의 들러리로 서 있다는 점이었다. 특히 중등부 예배의 경우에는 사태가 훨씬 심각했다. 제대로 된 중등부 예배를 찾아보기가 정말이지 힘들었다.

요즘 사역자들과 교사들이 중고등부 예배 시간에 임하는 많은 청소년을 가리켜 입을 모아서 하는 말이 있다. "로봇 같다!" 감정과 인격이라고는 찾아보기 힘든 예배 태도 때문에 나온 말일 것이다. 예배 시간에 선생님이 "일어서" 하면 마지못해 일어서고, "앉아" 하면 맥없이 앉는 모습들이 딱 생각 없이 시키는 대로 움직이는 로봇 같다는 이야기다.

더 안타까운 것은 그런 학생들을 어떻게 해서든지 일깨워 예배자로 만들어 가야 하는데, 그냥 교회에 와 있는 것만으로 사역자나 교사나 만족하고 있다는 점이다. 우리나라 대부분의 중고등부 예배의 상태는 심각한 정도를 넘어서 있다. 예배가 제대로 이뤄지지 않는 한 어떤 프로그램을 써도 믿음을 회복시키기 힘든데 말이다.

학생들의 믿음이 성장하는 첫 번째 열쇠가 바로 예배임을 기억하자! 학생들이 주님을 만난 후에 가장 먼저 달라지는 것이 예배 태도다. 수련회를 마친 후 학생들이 고백하는 얘기들을 들어보면 보통 이렇다. "목사님, 전에는 찬양 시간에 찬양을 제대로 하지 못했고, 기도 시간에 기도를 제대로 하지 못했어요. 그런데 이번에는 저도 모르게 손들고 찬양하고 싶어지고, 지루했던 기도 시간이 얼마나 짧게 느껴지는지 모르겠어요."

학생들의 믿음이 성장하기 위해 담당 사역자가 가장 먼저 할 일은 예배에 목숨을 거는 것이다. 그렇다면 우리의 예배를 어떻게 바꿔야 할까? 학생들이 하나님을 만나는 영적 예배, 은혜와 성령이 충만한 예배는 모두가 꿈꾸는 바다. 그런데 어떻게 해야 그런 예배가 가능할까?

SSS 원리를 실천하라

Something Special every Sunday!(매주 특별함을 보여 줘라!)

청소년들이 교회에 올 때 기대감을 갖고 올 수 있도록 매주 특별함을 보여 주는 것, 그것이 SSS 원리다. 실제로 우리 교회의 많은 학생들은 교회에 올 때 기대감을 갖고 온다. 학생들이 내게 가장 자주 하는 말 가운데 하나가 다음 주에도 역시 재미있고 유익한 설교 말씀을 부탁한다는 것이다. 학생들 사이에 주일 예배에 대한 기대감이 감돈다. 실제로 우리 교회 청소년부를 대상으로 조사해 보았더니 청소년부 예배 찬양에 대한 학생 만족도는 93%, 설교에 대한 만족도는 96%로 나타났다. 한국 교회 학생들의 80%가 중고등부에 만족하지 못하고 있다는 것과는 사뭇 다른 결과다.

이렇게 예배에 대한 만족도가 나름대로 높게 나온 것은, SSS 원리를 예배에 녹여 넣은 덕분이다. 한 번이라도 예배를 대충 준비하는 일 없기, 절대 같은 식으로 예배를 준비하지 않기, 예배가 시시하다거나 진부하다고 느끼는 학생이 단 한 명도 없게 하기 등 모두가 예배에서 특별함을 느끼도록 하는 것이 SSS 원리다. SSS 원리를 구체적으로 실천하기 위해 드림교회 청소년부 안에서 어떤 준비가 이루어지는지 살펴보자.

SSS 1 - 일사각오의 기도

모든 교회가 예배를 위해 기도하겠지만, 드림교회는 조금 더 특별하게 예배를 위해 기도한다. 우선 매주 토요일 사역팀별 모임이 있는데, 모든 모임의 하이라이트는 기도다. 토요일 저녁마다 교회 곳곳에서 청소년부 예배를 위해 간절히 기도하는 여러 팀들의 기도 소리가 천상에서 울려퍼지는 영적 합주처럼 들린다. 어느 한 팀도 대충 기도하지 않는 법 없이 저마다 예배에 목숨을 걸고 각자의 장소에서 기도한다.

그리고 주일 아침 청소년부 예배가 시작되기 약 50분 전, 사역팀 학생들 전체가 한 자리에 모여 'PPM 기도회'를 시작한다. PPM은 '강력하게 기도하는 모임'(Powerful Praying Meeting)의 약자다. 주일 아침에 PPM으로 모인 사역팀 100여 명의 학생들이 예배를 위해 간절하게 기도를 드린다. 20여 분간 약 네 번 정도의 기도가 끝날 즈음, 본당의 1부 예배도 끝나는데, 이때 사역팀 학생들 전체가 곧장 본당으로 올라가 각자 맡은 위치에서 예배를 준비한다.

SSS 2 - 한 가지 테마

드림교회 교회학교 전체가 그런 것처럼, 청소년부 예배 설교 본문과 내용은 늦어도 일주일 전에 모든 교사들에게 전달된다. 교사들과 스태프들은 설교가 어떤 내용인지 알고 있기에 일주일간 같은 마음으로 예배를 준비하게 된다. 청소년부의 경우, 시리즈 설교나 강해 설교가 1년 내내 지속되기 때문에 설교의 연속성이 있고, 그때마다 맞는 테마를 준비할 수 있다. 또한 매 주일 예배 전체는 한 가지 테마로 진행된다. 예배 전 시작되는 1분짜리 도입 영상, 이어지는 찬양, 그리고 설교, 설교 후 찬양 및 합심 기도, 축도 후 분반공부까지 모두 같은 내용으로 연결된다. 예배가 끝나고 집에 돌아갈 때, 학생들의 뇌리 속에 한 가지 테마가 확실히 각인되도록 하기 위해서다.

SSS 3 - 커리큘럼이 있는 설교

설교 본문은 그때그때마다 교역자가 정하지 않는다. 최소 1년 전에 모든 본문을 정해 놓는다. 이른바 커리큘럼이 있는 설교다. 공과는 여러 가지 사정상 교단의 계단 공과를 사용하지 않고, 설교 내용에 맞춰 담당 교역자가 직접 제작한다. 주일 짧은 시간에 설교 내용 따로, 분반공부 내용 따로로는 결코 효과적인 교육을 할 수 없기 때문이다.

1년에 한 번은 신약을 설교하고, 다른 한 번은 구약 성경 한 권을 선정해 강해 설교를 한다. 연초가 되면 6주 동안은 학생들의 신앙생활에 가장 중요한 주제를 정해 주제 시리즈를 진행하고, 수련회 이후에는 학생들의 문화와 삶에 가장 밀접한 주제에 대해 시리즈로 설교를 한다. 그래서 학생들이 필요한 영적 자양분을 골고루 섭취할 수 있도록 한다.

2011년	신앙의 코어 시리즈	요한복음 (복음서)	성과 이성교제	요나 (선지서)		
2012년	신앙의 코어 시리즈	빌립보서 (서신서)	성과 문화	다윗 시리즈 (역사서)	사사기 (특새)	여호수아 (수련회)
2013년	비전 시리즈	신앙의 코어 시리즈	로마서 (서신서)	성과 결혼	다니엘 (묵시 문학)	주기도문 (특새)
2014년	신앙의 코어 시리즈	사도행전 (역사서)	성과 미래 행복	모세 시리즈 (오경)	십계명 (특새)	사도신경 (수련회)

★ 2011-2014년 설교 커리큘럼

SSS 4 - 살아 움직이는 찬양

드림교회 청소년부 예배는 성인 예배 이상의 예배를 꿈꾸고 있다. 그 예배의 중심에는 강력한 찬양이 있다. 주일 아침 예배 준비가 모두 끝나면 조명이 다 꺼지고 예배 인트로 영상이 나온다. 영상이 나온 후 무대 앞에만 스포트라이트가 켜진 상태에서 학생들이 모두 일어나 찬양을 한다. 원래 찬양은 일어서서 하는 것이 당연한데 우리 한국 교회에서는 그렇지 않은 분위기다. 과거로부터 이어져 온 나름의 독특한 예배 문화일 수도 있겠지만, 사실 찬양을 앉아서 하느냐 서서 하느냐에 따라 예배자는 완전히 다른 태도와 마음가짐을 갖게 된다. 일어서서 열정적으로 찬양할 때 예배에 대한 집중력이 훨씬 높아진다.

찬양을 준비하는 보이스 찬양팀은 청소년부 안에서 일종의 정예부대라고 할 수 있다. 매주 토요일마다 네 명의 교사들이 학생들을 소그룹으로 나눠 먼저 양육을 실시한다. 이후에 다같이 예배 찬양 연습을 하고 기도회로 마무리를 한다. 또한 찬양팀 전원이 제자훈련으로 영적인 무장을 한다. 무엇보다 찬양팀 학생들은 예배에 대한 열정이 넘친다. 뜨뜻미지근한 마음으로 무대에 서는 학생은 아무도 없다.

청소년부 예배가 살기 위해서는 먼저 찬양이 살아 움직여야 한다. 교회의 부흥기를 보면 늘 찬양이 살아 있었다. 예배의 부흥을 원하는가? 그렇다면 찬양의 부흥을 먼저 꿈꿔라.

SSS 5 - 역동성

청소년부 예배는 교회에서 가장 역동성이 넘치는 예배다. 드림교회의 슬로건이 '비전의 교회, 역동적인 사역'인데, 청소년부가 가장 그 슬로건에 걸맞게 움직이고 있다.

청소년부 예배 전체의 러닝타임은 정확히 60분이다. 11시 2분까지 본격적인 예배 준비를 끝내고, 11시 2분에 예배 인트로 영상이 나가고, 11시 5분에 찬양이 시작된다. 11시 27분이 되면 찬양을 끝내고 통성 기도에 들어가고, 그 후에 학생이 대표 기도를 한 다음, 성경 봉독을 하고, 11시 35분에 곧장 설교가 시작된다. 약 20분간의 설교 후 결단 찬양과 통성 기도 그리고 축도까지 하면 딱 한 시간이 흐른다.

어찌 보면 정신없이 빠르게 진행되는 시간이다. 개중에는 딴짓하며 집중력이 흐트러지는 학생도 있지만, 대부분은 빠른 템포의 예배를 좋아하고 역동적으로 하나님 앞에 나아간다.

SSS 6 - 재미

청소년부 예배의 특징 가운데 하나가 재미있다는 것이다. 청소년부에 처음 올라온 중1 학생들도 재미를 느끼고, 교회에 처음 나온 학생들도 재미를 느끼는 예배다. 내 사역의 모토 중 하나가 '예배는 즐겁고 재미있게'다. 중고등학교를 가 보면 많은 학생들이 수업 시간에 졸고 있는데, 재미있는 수업시간에는 절대로 졸지 않는다. 재미의 반대는 지루함이다.

청소년 사역의 원조라고 할 수 있는 짐 레이번(Jim Rayburn) 목사는 '학생들을 지루하게 만드는 것은 죄'라고 했다. 예배를 인도하는 목사가 회중들을 졸게 만들어 은혜를 체험하지 못하게 하는 것은 당연히 죄라고 생각한다. 그래서 나는 죄를 짓지 않기 위해 더 재미있는 예배를 꿈꾼다. 학생들은 재미없는 예배에 결코 집중하지 않는다. 하지만 재미있는 예배라면 누가 시키지 않아도 집중한다.

나는 재미라는 요소를 놓치지 않기 위해 설교 준비에 정말 많은 투자를 한다. 보통 새벽기도 후에 설교 준비를 하는데, 말씀에 대한 주해 및 내용 전개를 목요일 새벽까지 끝내면, 그 다음부터는 그 말씀을 재미있게 전달할 온갖 방법을 강구한다. 필요하면 예배 시간에 닭도 가져오고, 개도 가져온다. 본당에서 달걀이 날아다니고, 야구공이 왔다 갔다 하기도 한다. 설교 중에 피자, 햄버거, 음료수 등 안 먹어 본 음식이 없다.

　시간이 날 때마다 영상과 사진 모으기를 한다. 개그 감이 떨어지지 않도록 웬만한 개그 프로그램은 다 챙겨서 본다. 주일 설교가 어떻게 전개될지 아무도 예상하지 못하도록 절대 같은 식으로 설교를 시작하거나 전개하지 않는다. 아무리 재미있는 방식일지라도 금방 식상해질 수 있기 때문이다. 솔직히 말해, 이렇게 준비하는 게 고통스럽다. 하지만 학생들의 만족스러운 표정과 환한 웃음을 보면 또 준비를 하게 된다.

　어쩌다 조금이라도 설교가 식상해졌다는 소리를 들으면 위기의식을 갖고 더욱 간절히 기도한다. 기도하다 보면 하나님께서 재미거리들을 다양하게 주신다. 재미는 무엇보다 학생들을 예배에 깊게 집중하게 만든다. 예배에 집중할 때 학생들은 말씀을 잘 듣게 되고, 그 말씀이 뇌리에 오래 남아 그들의 삶을 움직일 것이다. 재미라는 코드가 학생들에게 잘 전달되면, 새로 온 학생들이 교회에 정착하기도 무척 쉬워진다.

재미있는 설교는 어찌 보면 내가 먼저 나서서 시작한 게 아니라 학생들의 요청 사항이었다. 자신들의 언어로 지루하지 않고 정확한 메시지를 전달해 주길 원하는 것이 10대 청중들의 희망사항이었다. 설교에 재미를 가미하는 것은 또한 청소년 청중과 함께 호흡하는 방법이었다. 학생들이 설교 메시지를 정확히 듣고, 그 메시지가 그들의 뇌리에 남도록 하기 위해 설교를 재미있게 하려고 애쓴 것이다. 신기하게도 학생들 가운데 그냥 "설교가 재미있었어요"라고 반응하는 학생들은 별로 없었다. 학생들은 단순히 재미만 느낀 게 아니라 그 안에서 은혜를 경험하고 있었다. 설교 후에 학생들이 내게 보낸 문자를 몇 개 소개하면 이렇다.

"목사님 오늘 말씀 정말 주옥 같았어요. 말씀에 큰 감동 받았어요. 앞으로도 그런 설교 기대할게요."(중 1)

"목사님이 주신 말씀이 일주일 동안 사는 데 힘이 돼요. 힘들 때마다 그 말씀을 기억하며 견뎌 내고자 합니다."(중 3)

"제가 기억력이 좋지는 않지만 목사님 말씀은 기억에 남아요. 매주 들려 주시는 말씀으로 한 주 한 주 기쁨으로 살게 해주셔서 감사해요."(고 1)

"목사님 설교를 들으면서 진짜 은혜 받네요. 매번 귀에 쏙쏙 들어오는 말씀을 주셔서 이해하기 쉽고 머릿속에도 잘 남아요. 앞으로도 좋은 설교 부탁드려요."(고 2)

"목사님 설교는 진짜 새로운 것 같아요. 친구가 매일 일요일만

기다린다고 해요."(고3)

SSS 7 - 한 번 이상의 예배

어른들의 신앙을 평가할 때도 주일에 달랑 한 번 예배드리는 성도와 주중 예배를 더 많이 드리는 성도를 같이 보지 않는다. 특별히 주일 오후예배, 수요예배, 금요예배, 새벽예배까지 드리는 성도의 믿음이 주일 오전에 단 한 번 예배드리는 성도의 믿음보다 일반적으로 더 크다고 본다.

청소년들 역시 일주일에 한 번 예배드리는 것으로는 큰 믿음을 갖기 힘들다. 그렇다고 세계에서 가장 바쁜 대한민국 청소년들에게 어른들처럼 여러 번 예배를 드리라고 강요하기도 힘들다. 그런데 현실이 아무리 각박하더라도 교회가 물러서거나 양보해서는 안 되는 영역이 바로 예배다.

드림교회 청소년부는 사역팀 자체적으로는 토요일에 모임이 있고, 100여 명의 학생들이 모임과 기도회에 적극적으로 참여하고 있다. 청소년부 전체를 대상으로 하는 별도의 기도회는 한 달에 한 번 금요일 저녁에 진행된다. 둘째 주 금요일 밤 10시에 진행되는 'Ask 10 파워 기도회'에는 약 200명의 학생들이 참석한다. 기도회를 밤 10시에 하는 이유는, 학생들이 야간 자율학습을 끝내고 부담 없이 기도회에 참석하도록 하기 위해서다.

제자훈련을 받는 학생들은 평소에도 새벽예배에 나오고 있다.

어떤 학생들은 본인의 영성을 위해 주일 3부 어른 예배에 일부러 참석하기도 한다. 주일 오후예배와 수요예배에 참석하는 학생들도 꽤 된다. 학생들이 주일에 딱 한 번 예배드리는 것 갖고는 신앙적으로 성장하는 데 한계가 많다. 어떻게 해서든 교회는 학생들이 예배를 여러 번 드릴 수 있는 방법을 강구해야 한다. 그렇다고 해서 예배 참여에 강제성이 있어서는 안 된다. 자발적인 마음으로 자주 예배드리기를 즐거워하는 학생들이 많아질 때 그 중고등부의 믿음은 성장할 것이다.

학생들의 믿음 성장에 가장 중요한 예배 문제에 있어, 드림교회 청소년부는 한 걸음도 물러서지 않는다. 학생들은 보다 더 예배에 집중하기 위해 교회에 오자마자 반별로 마련된 주머니에 휴대폰을 제출한다. 오늘날 휴대폰은 예배 시간에 사탄이 즐겨 사용하는 도구가 되어 버렸다. 어떻게 해서든지 예배드리는 곳에 휴대폰이 없도록 만들어야 한다.

또한 드림교회 청소년부는 다양한 예배 캠페인을 벌인다. 그 가운데 하나가 '세 가지 하지 않기' 운동(3NOs)이다. 첫째는 지각하지 않기(No Coming Late), 둘째는 잡담하지 않기(No Chatting), 셋째는 휴대폰 하지 않기(No Cell-phone)다. 이 세 가지 메시지를 엽서로 예쁘게 제작해 학생들에게 나눠 주었고, 교회에 처음 오는 친구들에게 주는 새신자 패키지 안에 이 엽서를 반드시 포함시켰다.

★ 청소년부 예배 캠페인

교회 전체적으로 호응이 좋아서 어른 성도들도 이 캠페인에 동참하고 있다.

이처럼 오늘도 드림교회에서는 많은 학생들이 예배를 통해 영적 성숙을 경험하고 있다. 교회에 첫발을 내딛은 학생들이 예수님을 알고 가장 먼저 시작하는 영적 훈련이 예배인 것이다. 예배를 통해 주님과 영적 관계를 만들어 가기 시작할 때 믿음도 함께 커가기 시작한다.

SSS 원리를 각 중고등부에 적용할 때 충분히 예배를 갱신할 수 있다고 나는 확신한다. 교회의 규모에 따라 적용하는 방법에 차이가 있겠지만, 나는 이 원리를 학생들이 20명 남짓 모이는 교회에서도 시도해 본 적이 있다. SSS 원리가 우리 중고등부에 녹

아들 때 꿈에도 그리던 영광스러운 예배가 분명히 그 안에서 재현될 것이다.

SSS 예배를 통해 변화되는 부분

SSS 원리가 정착될 때 학생들의 모습이 많이 달라질 것이다. 이것은 믿음의 성장을 통한 변화다.

첫째, 학생들은 삶 속에서 하나님을 더 많이 찾게 될 것이다. 청소년 사역자인 스캇 스티븐스(Scott Stevens)는 청소년들은 자신들보다 더 큰 존재를 의지하고 싶어 하고, 이것이 예배를 갈망하는 이유가 된다고 했다.[6] 청소년기는 특별한 능력이 있는 존재에 의존하는 시기다. 청소년들이 유독 연예인을 쫓아다니고, 신형 스마트폰을 찾는 이유가 바로 여기에 있다. 청소년들이 예배를 통해 가장 큰 능력을 갖고 계신 하나님을 찾게 될 때, 삶 속에서도 늘 하나님을 찾는 연습을 하게 된다는 것이다. 학생들이 교회 집회에서 은혜를 체험한 다음에 항상 공통적으로 일어나는 현상은, 일상에서 하나님을 더욱 많이 찾게 된다는 것이다. 학교와 가정과 인터넷 어디서든지 하나님을 찾는 모습을 자주 본다.

둘째, 학생들에게서 혼란스러운 모습이 사라지고 안정된 모습

---

6) Scott Stevens, "Worship" in *Basic Student Ministry*(Nashville: Lifeway, 2003), 88-89.

이 드러난다. 제2차 성징기를 맞이해 신체적으로나 감정적으로 급격한 변화를 보이는 학생들의 모습은 그야말로 혼란 그 자체다. 게다가 가정과 학교에서 일어나는 크고 작은 일들이 그들을 가만히 놔두지 않고 뒤흔들어 놓는다. 그런 혼돈 가운데 있는 학생들을 잡아 주는 것이 예배다. 가정불화로 인해 가출을 할까 말까 고민하는 학생이 예배를 통해 마음을 새롭게 잡고, 진로 때문에 만성두통에 시달리던 학생이 예배를 통해 치유되는 모습을 자주 본다.

셋째, 예배 공동체를 통해 학생들은 따스함을 경험한다. 청소년들은 예배를 통해 하나님과 깊은 관계를 형성한 이후에, 자신과 같이 하나님을 갈망하는 다른 영적인 친구를 만나고 싶어 한다. 그래서 예배를 사모하는 학생이 찬양팀이나 예배팀에 합류하면서 영적인 '끼'를 훨씬 많이 발산하는 경우를 본다.

우리 교회 보이스 찬양팀에 속한 학생들이 30명 정도가 되는데, 그들에게 왜 찬양팀을 좋아하느냐고 물은 적이 있다. 그러자 그들은 "찬양팀이 가족처럼 따듯하기 때문"이라고 입을 모았다. 최근에 대한민국 가정은 애정 공동체로서 기능을 거의 상실하고 입시 준비 기관으로 전락해 자라나는 아이들이 가정에서 받아야 할 애정을 제대로 주지 못하고 있다. 이러한 환경 속에서 찬양팀에 소속된 학생들은 그 안에서 서로 격려하고 사랑을 나눔으로써 가정에서 느낄 만한 따스함을 누리고 있다.

넷째, 청소년들은 예배를 통해 용서와 회복과 치유를 경험한다. 우리나라 청소년의 범죄는 갈수록 급증해 현재 OECD 청소년 범죄율 1위를 기록하고 있을 만큼 문제가 심각하다. 게다가 손봉호 교수의 표현을 빌리자면, 우리나라 청소년들은 세계에서 가장 버릇없어 보이기까지 한다. 하지만 아무리 문제 많은 학생일지라도 예배를 통해 자신의 죄를 깨닫고 죄를 용서받는 경험을 할 수 있다. 많은 상처와 아픔을 겪은 학생들도 예배를 통해 치유를 경험할 수 있다.

전도 집회 때 한 학교의 일진 학생들이 교회에 오게 되었다. 그 때문에 주변에서 우려하는 소리가 많았다. 어떤 학생들은 일진들 때문에 교회에 오기 싫다는 말까지 했다. 그런데 놀라운 일이 일어났다. 일진 학생들이 교회에 잘 정착하고 수련회까지 참석하게 된 것이다. 수련회에 참석한 일진 학생들은 주님을 만나고 십자가의 은혜를 경험하게 되었다. 이후 제자훈련에 참석하면서 신앙의 깊이를 경험한 그들은 언제 일진이었냐는 듯이 바른 학생으로 변화되었다. 한때 학교를 호령했던 일진 학생들이 이제는 예배 시간이 가장 좋다며, 예배에 남다른 열정을 가진 학생들로 변화되었다. 이처럼 청소년들에게 예배는 그들의 인생을 바꿀 수 있는 강력한 믿음의 원천이다.

Something Special every Sunday!
(매주 특별함을 보여 줘라!)

SSS 1 일사각오의 기도 : 모든 모임의 하이라이트는 기도! 기도로 예배를 준비한다.
SSS 2 한 가지 테마 : 예배 후 돌아가는 학생들의 머리 속에 한 가지 테마를 확실하게 남긴다.
SSS 3 커리큘럼이 있는 설교 : 설교와 분반공부의 주제를 하나로 꿴다.
SSS 4 살아 움직이는 찬양 : 예배의 사활이 걸려 있다. 뜨겁게 찬양한다.
SSS 5 역동성 : 치밀한 구성과 빠른 템포로 역동적인 예배를 드린다.
SSS 6 재미 : 예배가 재미있으면 집중하게 되어 있다.
SSS 7 한 번 이상의 예배 : 예배는 교회가 양보할 수 없는 영역이다. 그 횟수를 늘려라!

Chapter 03

프로그램이 아닌
훈련 중심으로 바꿔라!

프로그램을 기가 막히게 디자인해서 중고등부를 크게 성장시킨 선배 사역자가 있었다. 그런데 그 성장이 오래가지 못했다. 출석률이 매주 곽곽 떨어지는 중고등부를 보면서 힘들어했던 선배의 모습이 눈에 아른거린다.

실제로 그렇다. 문화상품권 등의 물질이나 상품을 남발하면 단기간에는 학생들이 올 수 있지만 그 효과가 오래 지속되지는 않는다. 유명 연예인을 초청하는 행사 등 다른 교회에서 하기 힘든 프로그램을 하면 그때는 학생들이 오지만 역시 연속성은 전혀 없다. 중고등부의 문제점 중 하나가 이러한 단발성 프로그램이 지나치게 많고, 사역자들이 오직 학생들의 입맛만 생각한 나머지 프로그램 중심으로 사역을 한다는 것이다.

청소년 사역이 성공하느냐 실패하느냐의 여부는 학생 훈련에 달려 있다고 나는 믿는다. 학생 훈련은 매우 중요하지만 어렵다. 어찌 보면 새로 부임한 사역자가 중고등부를 단기간에 부흥시키는 것보다도 어려운 일이다. 학생 훈련은 하루아침에 이뤄지지 않고, 성장이라는 것이 한두 달 사이에 드러나는 게 아니기 때문이다. 그러므로 학생들을 훈련시키려면 먼저 인내가 필요하다. 비록 힘들기는 하지만 학생 훈련에 성공만 할 수 있다면 그 중고등부의 미래는 활짝 열리게 된다.

나는 학생들을 훈련시킬 때, 다른 것보다 오직 기도와 말씀에 초점을 맞춘다. 확신하건대, 교회 학생들의 믿음이 성장하기 위해서는 다른 어떤 프로그램을 실행하기보다 학생들을 기도와 말씀으로 훈련시키는 것이 가장 중요하다.

기도와 말씀이 아닌 다른 프로그램을 우선으로 하고 있다면 지금 모래 위에 집을 짓고 있는 것과 같다. 반면에 기도와 말씀을 우선으로 하고 있다면 당장 눈에 보이는 성장은 더딜지라도 바위 위에 집을 짓고 있는 것이다. 그동안의 사역을 돌아보면, 청소년기에 기도와 말씀에 길들여진 학생치고 성인이 되어서 적어도 교회를 떠난 아이들은 없었다. 그만큼 기도와 말씀 훈련은 강력한 힘을 갖고 있다.

미국에서 처음 청소년 사역을 할 때 어려움을 겪었다. 한국에서 자라 한국에서 줄곧 교육을 받은 한인 1세 목사가, 미국에서 태어나고 자란 한인 2세 학생들을 위해 특별히 잘하는 것이 하나도 없었다. 무엇을 시도해도 학생들과 공감대를 갖기 어려웠다. 사역을 어떻게 해나갈지 도무지 길이 보이지 않아 기도를 했는데, 그때 성령님께서 주신 지혜가 청소년들에게 기도와 말씀 훈련을 시키라는 것이었다.

기도와 말씀 훈련은 문화적, 언어적 장벽과 아무 상관이 없었다. 시간이 지나면서 기도와 말씀 훈련에 참여한 학생들이 영적으로 성장하며 변화되어 갔다. 학생들은 청소년부를 졸업하며 모두들 이렇게 말했다. "그동안 기도와 말씀으로 훈련시켜 주셔서 감사합니다." 부모들 역시 스스로 기도하고 말씀 읽는 훈련을 하는 자녀들을 무척 대견스러워하며 감격하고 감사하게 여겼다.

미국에서는 그렇게 많지 않은 학생들을 지도했기 때문에 1대 1로 기도와 말씀 훈련을 시킬 수 있었다. 학생들이 기도하지 않고 말씀을 생활화하지 않으면 수단과 방법을 가리지 않고 집요하게 학생들에게 압력을 행사했다. 주중에 학생들과 전화를 할 때마다 "너 기도했니?" "성경 읽었니?"라는 말이 주가 되었다. 그 결과 시간이 흐르면서 많은 학생들이 기도와 말씀의 훈련을 제대로 받게 되었다.

어떤 훈련 프로그램이 좋을까?

하지만 한국에 들어와서는 수백 명의 학생들을 혼자 지도하게 되어 과거의 방법으로는 힘들다는 판단이 들었다. 아무리 좋은 프로그램도 그 교회의 성향과 상황에 맞지 않으면 실패하는 법이다. 그래서 먼저 기존 우리나라 대형 교회에서 실시하는 학생 제자훈련을 살펴보았다. 우리 교회와 비슷한 규모의 교회 중고등부에서 하는 프로그램은 우리에게도 맞을 것 같다는 생각이 들었기 때문이다.

처음으로 훈련 프로그램을 실시하는 중고등부라면 다음의 방법을 사용하면 좋다. 미국 사우스웨스턴 신학교의 자니 데로웬(Johnny Derouen) 교수는 다음의 방법을 추천했다.

첫째, 자신의 과거 경험을 토대로 프로그램을 실시하라.

둘째, 내가 지금 몸담고 있는 기관에서 실시하는 프로그램을 실시하라.

셋째, 모델로 생각하는 교회나 단체의 프로그램을 도입하라.

넷째, 현재 가장 유행하는 프로그램의 모델을 도입하라.

다섯째, 현재 교회의 성인 프로그램과 연결된 프로그램을 실시하라.

여섯째, 현재 청소년 부서에서 하고 있는 것을 그대로 하라.

일곱째, 사역자가 하나님으로부터 응답 받은 프로그램을 실시하라.

여덟째, 위의 것을 종합하라.[7]

우선 나는 현재 훈련 프로그램이 잘 진행되고 있는 대형 교회들을 살펴보았다. 그리고 제자훈련이 잘 진행되고 있는 교회들의 훈련을 나름대로 평가해 보았다. 첫째, 훈련의 강도가 무척 강한 편이었다. 강력한 예수의 제자를 만들기에 어른들도 쉽게 하기 힘들 만큼의 강도였다. 둘째, 소수 정예화된 훈련을 추구했다. 아무래도 힘든 훈련이기에 아무나 함께하기는 힘들어 보였다. 셋째, 훈련의 기간이 긴 편이었다. 어떤 교회는 성인 제자훈련과 비슷한 훈련 기간을 갖기도 했다.

나는 대형 교회의 훈련 프로그램을 존중하면서도 생각을 약간 전환했다. 훈련은 강하게 하되, 이왕이면 많은 학생들이 훈련을 받으면 좋지 않을까 하는 생각을 했다. 소수의 훈련된 영적 군사를 만드는 것도 좋지만, 더 많은 영적 군사를 만들면 더 좋겠다는 생각이 들었다. 훈련을 정예화하면 많은 학생들에게는 기회가 돌아가지 않는 단점이 생긴다. 그래서 한 명이라도 더 많은 학생들이 받을 수 있는 훈련을 생각해 보았다.

또한 학생 훈련은 어른 훈련보다는 기간이 짧은 게 좋다고 생

---

7) Johnny Derouen, notes from Student Ministry Basic Class.

각했다. 성인의 집중력은 일반적으로 10분 정도 된다. 석사 과정에서 티칭 플랜(Teaching Plan)에 관한 수업을 들을 때, 30분 강의안을 준비하는데, 10분 단위로 다른 소스와 방법을 사용하라는 이야기를 지도 교수로부터 들었다. 성인의 집중도가 10분이기 때문에 10분 단위의 티칭 플랜이 필요했던 것이다. 학생들의 집중도는 7분 정도다. 성인들보다 3분의 1 정도가 약하다고 보면 된다. 이것은 단기 교육뿐만 아니라 장기 교육에서도 마찬가지다. 그래서 학생 훈련은 성인 훈련보다 기간이 짧은 게 좋다는 것이 나의 지론이다.

드림교회 청소년부의 제자훈련

앞에서 한 고민들을 토대로 나는 드림교회만의 제자훈련 커리큘럼을 만들었다. 첫째로 구원의 확신만 있으면 누구나 참석할 수 있도록 길을 열어 두었다. 힘들고 어렵다는 고정관념보다는 누구 함께할 수 있다는 훈련이라는 점을 강조했다. 둘째, 훈련이기에 벌칙 규정을 확실하게 해서 대충 임하는 학생은 탈락하게 만들었다. 셋째, 훈련 기간은 6주로 했다. 최초로 여름방학 기간에 6주간 실시했는데, 6주 훈련이 끝나고, 한 주 쉬고, 곧장 또 다른 6주가 학기 중에 진행되도록 했다. 그래서 1년에 6주 훈련이 모두 네 번 진행되어 결국 24주 훈련을 받을 수 있게 만들었다.

팀(term)	기간(6주씩)	모이는 시간	장소
첫 번째	1-2월	토요일 10:00, 14:00, 주일 8:30 (각 단계별 차이가 있음)	소그룹실(6곳) 청소년부실(1곳) 자모실(1곳)
두 번째	3-4월		
세 번째	7-8월		
네 번째	9-10월		

★ 1년 제자훈련 진행 구성

    드림교회 제자훈련의 주안점은 다음과 같다. 첫째, 학생과 교사가 일대일의 친밀한 관계를 형성하여 딱딱한 훈련이 아니라 유익하고 재미난 시간이 되게 한다. 둘째, 교사들이 학생들이 작성한 일과표를 보면서 학생들의 삶에 개입할 수 있도록 한다. 셋째, 학생들이 꾸준히 기도하고 큐티 하고 성경 통독하고 성경을 암송하게 한다. 넷째, 벌칙 규정은 강력하게 시행하되 탈락시키는 것이 목적이 아니라 학생들이 영적으로 성장하는 것을 목적으로 한다. 다섯째, 가르치는 사람과 배우는 사람 모두에게 도전과 은혜의 시간이 되게 한다.

    한국에 들어와서 처음으로 제자훈련을 실시하는데 먼저는 학생들이 얼마나 관심을 갖고 참여할까 하는 생각이 들었다. 첫 단추를 잘못 끼우면 앞으로는 더 하기 힘들 수 있기에 그런 염려가 들었다. 다행히도 제자훈련 1단계로 들어 온 학생들이 50명이나 되었다. 그리고 6주간의 과정을 무사히 통과한 학생들이 40명이 되었다.

1단계 제자훈련이 끝나고 나서 흥미로운 일들이 생겨났다.

첫째, 제자훈련을 수료한 학생들 사이에서 제자훈련에 대한 긍정적인 이야기가 입소문이 났다. 학생들의 주된 평은 조금 힘들긴 하지만 재미있고 유익했다는 것이었다. 학생들이 처음 경험한 제자훈련은 주일에 수백 명이 한자리에 모여서 예배드리고 흩어져 분반공부를 하는 것과는 비교가 되지 않게 높은 수준의 영적 훈련의 모임이었다. 훈련은 보통 두 시간 정도 진행되었는데, 그 시간이 전혀 지루하지 않았고, 시간이 지날수록 학생들이 흥미를 가지면서 부담 없이 서로의 것을 많이 나누게 되었다. 학생들의 반응이 무척 좋은 편이었다.

둘째, 제자훈련을 한 학생들의 부모들 역시 하나같이 좋아했다. 제자훈련을 수료한 학생들의 부모는 길을 가다가 나를 만나면 감사하다는 인사를 몇 번이고 했다. 예전에 방학 때면 매일 늦잠이나 자고 컴퓨터나 하던 녀석들이 일어나자마자 자기 방에서 큐티를 하고, 성경 말씀을 읽고, 암송을 하고, 기독교 서적을 읽고 독후감을 쓰고, 기도하는 모습에서 부모들이 큰 감동을 받았다. 그동안 자녀들의 게으른 모습만 보다 영적으로 변화되고 성숙된 모습을 보면서 부모들 사이에 서로 제자훈련을 추천하는 분위기가 만들어졌다.

그래서 처음 1단계에서는 50명이, 그 다음에는 70명, 80명이 신청을 했다. 나중에는 무려 130명이 넘는 학생들이 등록을 해서 큰 고민에 빠진 적이 있었다. 이들을 인도할 교사가 부족하고, 열두 반을 수용하기에 교회 안에 공간이 부족했기 때문이다. 아무튼 행복한 고민이었고, 기도하는 가운데 하나님께서 부족한 것들을 채워 주셨다.

청소년 제자훈련에서 가장 중요한 요소는 가르치는 교사다. 교재, 장소, 커리큘럼 같은 요소들은 모두 부수적이다. 제자훈련에서 핵심은 교사다. 학생들이 고등학교를 선택할 때도 보면 교재나 건물, 커리큘럼을 기준으로 하지 않는다. '누가 가르치는가?' '교사진이 어떻게 구성되어 있는가?' '그래서 좋은 대학에 가도록 얼마나 많이 도와주는가?' 하는 것을 훨씬 더 중요하게 본다.

청소년부 제자훈련을 할 교사는 이렇게 선정했다. 먼저, 교회에서 실시한 장년 제자훈련이나 청년 제자훈련을 이수한 믿음이 좋은 교사들을 선정했다. 둘째, 청소년부 교사훈련을 이수하여 청소년부 목회 철학과 방향성을 충분히 이해한 교사들을 선정했다. 셋째, 학생들과 조화를 잘 이루면서 학생들에게 인기 있는 교사들을 선정했다. 넷째, 토요일 제자훈련 시간에 전적으로 헌신할 수 있는 교사들을 선정했다. 청소년부 안에서 네 가지 기준에 합당한 교사들을 보니 약 20명이 되었다. 이 가운데서 자원하는 교사들을 최종으로 선발했다. 20명 후보군들 가운데는 1년 내내 봉사하는 교사도 있었고, 방학 때나 학기 중에만 하는 교사도 있었다.

현재 청소년부 제자훈련은 1단계에서 10단계까지 세분화되어 있다. 처음에는 토요일에만 제자훈련을 하다가 더 많은 학생들이 참여할 수 있도록 주일 아침반을 새로 만들었다. 1단계를 통과하면 2단계로 올라가는 형식의 단계 훈련이다. 10단계에 이르는 제자훈련의 커리큘럼은 특별한 것이 없다. 교재는 고신 출판부에서 나오는 '제자훈련 시리즈'와 좋은씨앗의 'KIWY 청소년 성경공부 시리즈'와 사랑의교회 청소년부 제자훈련 교재를 골고루 이용하고 있다. 보통 두 시간가량 진행되는 제자훈련에는 다음의 프로그램들이 들어가 있다.

인사 및 교제	5분 생활 계획표 작성하기(각 단계 첫 시간만)
아이스 브레이크	10분 기도, 큐티, 성경 통독, 암송, 독서의 중요성 설명 (각 단계 첫 시간만)
성경 암송 테스트	10분(준비 시간 3분, 검사 시간 7분, 다섯 절 암송)
주간 영성표 숙제 제출	5분(기도, 큐티, 성경 통독, 암송, 새벽기도, 독서 점검) 기도는 단계별로(매일 10-40분 차등) 성경 통독은 단계별로(매일 4-6장 차등) 새벽기도는 단계별로(3-5회 차등)
큐티 나눔	20-30분
성경공부	60-70분

★ 드림교회 제자훈련 진행

1-10단계에 이르는 드림교회 청소년부 제자훈련은 심화에 목적을 두기보다는 꾸준함에 주안점을 두고 있다. 가장 빨리 10단계까지 가는 데 2년 반이 소요된다. 보통 중1 학생들은 1학기가 끝나고 나서야 제자훈련을 시작할 수 있는 자격이 생기기 때문에, 중1에 시작한 착실한 학생이 고등학교 입학할 즈음에 이 훈

련은 끝난다. 커리큘럼 자체가 특별하다고 할 게 없는 것은, 제자훈련에서 가장 크게 주안점으로 생각하는 것이 기도와 말씀 훈련이기 때문이다. 기도하고 말씀으로 무장하는 훈련만 꾸준히 해도 청소년기 제자훈련은 족하다는 판단이다.

현재 제자훈련에 동참하고 있는 학생은 텀(term)에 따라 차이는 있지만, 매번 100-150명 정도가 등록해 연간 250명 정도의 학생들이 제자훈련에 동참한다고 볼 수 있다. 이렇듯 청소년부에 근간이 되는 핵심 프로그램은 바로 학생 훈련에 있다.

훈련 중심의 중고등부가 되었을 때의 결과

많은 학생들이 제자훈련에 동참하고, 토요일이면 교회 온 건물이 청소년들로 가득 차게 된 것 자체가 교회가 보기에 깜짝 놀랄 일이었다. 아니 신선한 충격이었다. 많은 교회들이 주 5일제 수업 때문에 교회학교에 피해를 입었다고 하는데 우리는 오히려 그 반대였다. 주 5일제 수업 덕분에 토요일에 더욱 많은 학생들이 제자훈련을 받을 수 있었다.

드림교회 청소년부가 긴 시간 동안 제자훈련을 한 것은 아직 아니지만 학생들은 분명히 변화되었다. 청소년부 전체의 체질이 변화되고 있다는 것을 모두가 느낄 수 있었다.

좀 더 세부적으로 제자훈련의 결과를 말하면 다음과 같다.

첫째, 기도와 말씀이 많은 학생들에게 생활화되었다. 최소 100여 명의 학생들이 꾸준히 제자훈련에 동참하고 있는데, 이 학생들은 어찌됐든 기도와 말씀을 생활화하고 있다. 많은 학생들이 큐티 책을 들고 등교하는데, 교실에서 가장 먼저 펴는 책이 「청소년 매일성경」인 학생들이 많다. 제자훈련이 몸에 밴 학생에게 이제 큐티는 학교 급식과 같이 되었다.

잠자리에 들기 전에 TV로 하루를 마무리하는 것이 아니라 작성해 놓은 10가지 이상의 기도제목을 보면서 간절히 기도하는 가운데 하루를 마무리하는 학생들이 많아졌다. 학교에서 야자가 끝날 즈음, 성경을 보면서 하루 공부를 마무리하기도 한다. 제자훈련을 받은 학생들은 시간이 날 때마다 성경을 암송하고 또 암송해야 한다. 실제로 학생들이 가장 힘들어하는 부분이 성경 암송이다. 말씀을 암송하지 못하고 오면 그 구절을 20번씩 쓰고 집에 가야 하는 공포의 '깜지 숙제'가 있어 학생들은 더욱 암송에 목숨을 건다.

둘째, 많은 학생들의 우선순위가 바뀌었다. 제자훈련에 참여하는 학생들이 모두 한가하고 할 일 없는 학생이라는 오해는 하지 않았으면 좋겠다. 학생들이 제자훈련에 참여하는 모습을 보면 그 안에 헌신이 담겨 있다. 1년에 네 번 제자훈련을 받기 위해서는 토요일 학원이나 과외 일정도 조절해야 한다. 가족 여행이 있더라도 제자훈련 기간에 가서는 안 된다. 친구들과 만나서 놀고 싶어도 나중으로 미루어야 한다. 대부분의 학생들이 아예 주말에는 일정하게 개인 공부하는 시간을 제외하고는 제자훈련에 집중하고 있다.

셋째, 청소년부의 체질이 개선되었다. 이 부분이 가장 강력하지 않나 싶다. 보통 교회에서는 임원이나 찬양팀 등에서 봉사하는 학생일지라도 믿음이 제대로 서 있지 않은 경우가 있다. 나름대로 리더십이 있거나 특별히 끼가 있는 학생들이 중고등부의 주축이 되기 십상이다. 그래서 간혹 보면, 중고등부의 주축이었던 학생이 어느 순간에 교회를 떠나는 일이 생기기도 한다.

청소년부 제자훈련은 교회에서 봉사하는 학생들에게 필수 과정이 되었다. 즉 청소년부에서 임원이나 찬양팀, 스킷팀 등 특정한 부서에 속해 봉사를 하려면 먼저 제자훈련을 해야 하고, 중간에 제자훈련을 쉬거나 탈락하면 하고 있는 사역도 쉬어야만 한다. 이런 규정은 그동안 봉사 활동 자체만 좋아했던 학생들에게 상당히 고역이 될 수 있지만, 사역자 양심상 반드시 이렇게 할 수밖에 없었다. 성인 교인들 중에도 문제를 일으키는 이들을 보면 교회를 오래 다녔고 나름대로 봉사를 많이 했으나 양육을 제대로 받지 못해 신앙적으로 성숙하지 못한 경우가 대다수다. 교회에서 봉사와 사역하기 이전에 먼저 훈련을 받고 봉사와 사역의 자격을 갖추는 것이 중요하다.

규정이 이러하다 보니 재미난 현상도 많이 일어났다. 수년째 하고 있는 반주 자리와 찬양팀 싱어 자리를 고수하기 위해 학생들이 무슨 일이 있어도 제자훈련을 받으러 달려온다. 제자훈련에서 탈락하면 인생이 끝이라도 나는 듯한 각오로 훈련에 임하는 학생들이 많이 있다. 처음에는 사역을 위한 제자훈련이라는 뉘앙스가 강했지만, 시간이 지날수록 학생들의 마음속에 제자훈련이 주(first)가 되고 사역이 부(second)가 되는 모습을 볼 수 있었다.

넷째, 청소년부 전체가 영적으로 뜨거워졌다. 전체 청소년부 학생들 가운데서 제자훈련에 임하는 학생들이 33%이고, 사역에 임하는 학생들은 20% 정도가 된다. 제자훈련을 3단계 이상 받으면 학생들이 자연스럽게 교회에서 봉사하고 싶어 하게 되어 제자훈련 상위 과정은 100%가 청소년부에서 봉사하는 학생들로 이루어져 있다. 제자훈련에 임하는 학생들과 사역에 임하는 학생들이 많은 부분에서 일치를 이루면서 이 부류가 청소년부의 핵심으로 서게 되었다. 그래서 제자훈련에 임한 학생들은 거의 모두가 수련회나 청소년부 행사에 잘 참여한다. 그것도 그냥 참여하는 정도가 아니라 청소년부 모임 때마다 가장 뜨겁게 기도하며 영적으로 이끌어 간다. 그러니 제자훈련에 학생들이 많이 참여할수록 청소년부가 영적으로 더욱 뜨거워지는 것이다.

주일 예배 후 잠깐 진행하는 분반공부로 학생들을 영적으로 양육하기란 한참이나 부족한 것이 오늘날 솔직한 한국 교회의 구조와 현실이다. 분반공부는 교제와 관리 차원의 모임으로 전락한 지 오래다. 학생들의 믿음이 성장하기 위해서는 독립된 시간에 소그룹 모임을 가져야 한다. 교회는 학생들이 영적으로 비상할 수 있도록 그들에게 기도와 말씀이라는 두 날개를 반드시 붙여 줘야 한다. 학생들이 제자훈련을 통해 두 날개를 달 때 비로소 세상 어디든 종횡무진 날아다니며 승리할 수 있지 않겠는가?

청소년기에 기도와 말씀에 길들여진 학생치고 성인이 되어서 적어도 교회를 떠난 이는 없었다. 그만큼 기도와 말씀 훈련은 강력한 힘을 갖고 있다.

Chapter 04

학생들을 들러리가 아닌 주인공으로 바꿔라

들러리 인생을 살기 원하는 청소년은 아무도 없다. 학생들은 인기 드라마를 보며 드라마의 주인공을 사모하고 주인공처럼 살고 싶어 한다. 조연이나 엑스트라 같은 들러리 배역에 관심 있어 하는 학생은 보지 못했다. 그러나 안타깝게도 교회 안에 들러리처럼 신앙생활을 하는 학생들이 있는가 하면 주인공처럼 신앙생활을 하는 학생들도 있다.

매주 교회를 오면서도 내 교회가 아닌 남의 교회 교인인 것처럼 무관심 일색으로 신앙생활을 하는 학생들이 제법 많다. 들러리 학생들이 잘하는 것은 예배에 지각하기와 예배 시간에 스마트폰 하기, 고개 숙이고 있기, 졸기 등이다. 한국 교회 청소년들의 믿음이 하향 평균화되어 생겨난 결과물이 바로 들러리 청소년들이다. 문제는 시간이 지날수록 이런 들러리들이 많아지고 있다는 것이다.

학생들을 계속 들러리로 방치하면 교회에 아무런 소망이 없게 된다. 반드시 학생들을 주인공으로 바꿔 나가야 한다. 학생들이 들러리에서 주인공으로 바뀌는 순간은 바로 믿음이 들어갈 때다. 과거에 간신히 주일 예배에만 참석했던 학생이 은혜를 받으면 교회에서 열심히 봉사하는 중고등부의 주인공이 될 수 있다.

우리 교회 학생들을 보면, 수련회 이후에 들러리에서 주인공으로 바뀌는 경우를 자주 본다. 평소에 교회 봉사를 하라고 하면 시큰둥한 반응을 보이던 학생들이 수련회만 끝나면 자발적으로 봉사하고 싶다고 교회로 온다. 특별히 수련회 기간에 은혜 받은 것처럼 보이는 학생들은 거의 모두가 무언가 봉사하고 싶어 한다. 영적으로 뜨거워지면 주님을 위해 무슨 일이라도 하고 싶어지는 것은 당연하다. 은혜를 받으면 누구나 들러리 신앙생활을 버리고 주인공 신앙생활을 하게 된다.

이러한 학생들의 마음을 잘 헤아려서 우리 교회 청소년부에서는 수련회가 끝나면 일괄적으로 사역팀을 모집하기 시작한다. 그래서 1년에 두 차례, 2월과 8월에 사역팀을 모집하고 있다. 교회의 역할 중 하나가 학생들에게 들러리가 아닌 주인공으로 설 수 있는 장(場)을 만들어 주는 것이다.

학생들이 영적으로 성장하려면 무언가 봉사를 할 수 있어야 한다. 청소년 사역의 대가인 덕 필즈(Doug Fields) 목사는 마태복음 22장 37-40절을 이렇게 해석했다. "마음을 다하여 하나님을 사랑하는 것이 예배이고, 네 이웃을 네 자신과 같이 사랑하는 것이 사역이다."[8] 학생들의 믿음이 성장하면 하나님을 사랑하는 마음이 커지는데, 이것이 이웃을 사랑하는 삶의 모습으로 나타난다. 학생들의 믿음이 커질 때 교회 안에서 봉사하고 싶은 마음 역시 커진다. 믿음이 결국 들러리를 주인공으로 바꿔 놓는 것이다.

여기서 주의 깊게 봐야 할 것이 하나 있다. 주인공 학생들에게는 두 부류가 있다. 하나는 진짜 주인공들이고, 다른 하나는 가짜 주인공들이다. 후자는 주인공인 척하는 학생들이다. 교회 봉사라는 것이 꼭 믿음이 있어야 하는 것은 아니다. 믿음이 있어 보여도 할 수 있다.

특히 과거에 많은 교회에서 중고등부 임원 선거는 일종의 인기 투표였다. 찬양팀은 괜히 멋져 보였고, 이른바 중고등부의 '얼굴 마담'으로 사람들 앞에 드러나기 때문에 많은 학생들이 선호하는 경향이 있었다. 그런데 교회에서 회장을 하고 찬양팀 리더를 했던 학생들 가운데 졸업 후 교회를 떠난 학생들이 꽤 있다. 왜 그

---

8) Allen Jackson, "Ministry" in *Basic Student Ministry*(Nashville: Lifeway, 2003), 68.

들은 떠났는가? 그들은 한때 주인공이었는데 왜 교회에 더 이상 남아 있지 않은가? 그들은 가짜 주인공이었던 것이다. 그동안 주인공인 척하며 신앙생활을 했을 뿐이다.

믿음이 제대로 서지 않는 가운데 봉사를 하면 매우 위험하다. 교회에서 일반 성도들 중에도 믿음과 상관없이 봉사를 하고 중직을 맡는 경우를 본다. 그러니 교회가 제대로 될 리 없다. 더 기가 막힌 것은 '일하다 보면 믿음이 성장한다' '일이 사람을 만든다'와 같은 말을 교회에서 심심찮게 한다는 것이다. 믿음은 일만 한다고 해서 결코 저절로 성장하지 않는다. 교회에서 믿음의 훈련을 철저히 받지 않은 가운데, 사람이 괜찮다며 이 일 저 일을 맡기다 보면, 그 사람은 어느 순간에 모두에게 충격을 주고 교회를 떠날 수 있다.

이러한 이유로 드림교회 청소년부에서는 아무에게나 일꾼직을 맡기지 않는다. 하고 싶어 한다고 무조건 봉사를 맡기는 게 아니라 여러 가지 조건을 내건다. 사역팀에 들어와 작은 봉사라도 하려면 먼저 제자훈련을 이수해야만 한다. 훈련 없는 사역은 없는 셈이다. 아무리 끼가 다분하고 능력이 있어 보여도 훈련을 게을리하는 사람에게 봉사의 기회는 주어지지 않는다. 심지어 제자훈련 중간에 탈락하는 학생들은 사역도 같이 쉬도록 한다. 우리는 그냥 사역하는 학생들이 아니라 주인공을 만들고 있기에 이렇게 해야만 한다. 영적으로 더 좋은 훈련을 시킬수록 학생들은 더 멋진 교회의 주인공이 된다.

특별히 가장 많은 일을 감당해야 할 회장단 같은 경우에는 선출 조건이 가장 까다롭다. 이 학생들은 특별한 일을 감당해야 하기 때문이다. 회장단 입후보 조건은, 제자훈련 수료는 필수이고 사역팀에서 일정 기간 이상 봉사를 해야 한다. 이런 조건을 갖추지 못하면 아예 입후보조차 하지 못한다.

이렇게 신앙적인 조건을 강화한 다음에 선출된 회장단은 어디에 내놔도 손색이 없을 만큼 믿음이 뛰어나다. 자기들끼리 스스로 기도회를 만들어 진행하고, 후배들이 영적으로 게을러질 때마다 강한 질책을 날린다. 내가 고난주간에 미디어 금식을 하자고 학생들에게 선포하면, 청소년부 회장은 사역팀 학생들 앞에 나와서 "여러분, 우리 미디어 금식하는데 휴대폰은 일주일 동안 아예 집에 두고 와 사용하지 맙시다. 컴퓨터와 TV 근처에도 절대 가지 맙시다"라고 더욱 강력하게 후배들에게 촉구한다. 이런 학생들의 모습은 감동과 도전이 되지 않을 수 없다.

나의 개인적인 욕심은, 더욱 많은 학생들이 믿음의 성장을 이뤄서 청소년부의 주인공이 되는 것이다. 들러리를 최소화하고, 주인공을 최대화하는 것이다. 매년 주인공이 늘어나고 있다는 것은, 학생들의 믿음이 그만큼 성장하고 있다는 뜻이다. 현재 드림교회 25%의 학생들이 사역팀에서 봉사하고 있다. 전체의 4분의 1이 주인공이고, 나머지는 들러리인 셈이다. 전체 사역팀 학생들이 100명이 훨씬 넘기 때문에 적은 수는 아니지만 만족할 만한 인원도 아니라고 본다.

고무적인 것은 나머지 학생들의 약 50%가 기회가 되면 사역을 하고 싶어 한다는 점이다. 그러므로 전체 3분의 2가 주인공이거나 주인공을 꿈꾸고 있다고 볼 수 있다. 제자훈련이 계속 진행되면서 더 많은 학생들이 사역팀에 들어오고 있다는 것도 고무할 만한 점이다. 실제로 제자훈련 3단계 이상 학생들은 거의 모두가 사역팀에서 봉사를 하고 있다.

청소년부 안에서 주인공이 된 학생들은 여러 가지 유익을 경험하고 있다. 현재 사역팀에서 봉사하고 있는 학생들 가운데 그냥 봉사만 하고 마는 학생은 아무도 없다. 사역팀 자체가 좋은 공동체이기에 그 안에서 따스함을 경험한다. 사역팀에 들어가 있는 학생들은 아무리 못해도 주중 한 번 이상의 모임을 갖기 때문에 관계가 상당히 끈끈하다. 또한 그냥 모임이 아니라 믿음이 기본 이상으로 있는 학생들의 모임이라 서로가 영적으로 크게 도전을 받는다. 그래서 사역팀 활동을 하면서 믿음이 굳게 서는 경우가 많이 생긴다.

사역팀은 학생들에게 일종의 가정 같은 곳이 되었다. 원래는 영적 공급을 가정에서 부모로부터 받는 게 맞지만, 안타깝게도 대한민국의 많은 청소년들은 그런 공급을 가정에서 받지 못하고 있다. 이런 현실 속에서 드림교회 청소년부의 사역팀은 끊임없이 영적 자양분을 공급해 주는 가정 역할을 하고 있다. 실제로 찬양팀의 구성원들을 보면 결손가정이나 믿지 않은 가정이라서 가정이 영적으로 큰 버팀목이 되어 주지 못하는 경우가 많은데, 이들은 찬양팀을 진정한 가정으로 삼고 사역을 하고 있다. 사역팀 교사들이 아빠와 엄마 역할을 하기에 학생들은 그 안에서 영적으로 따스함을 느낀다.

현재 약 열 개의 사역팀에서 학생들이 봉사를 하고 있으며, 각 사역팀마다 지도 교사가 있다. 대부분의 사역팀들은 토요일마다 정기 모임을 가지며 지도 교사들에게 훈련을 받고 있다.

사역팀 교사들의 면모를 들여다보면 한 명도 호락호락하지 않다. 그들은 학생들을 단순히 신앙적으로 훈련시킬 뿐만 아니라 학생들의 삶에도 관여한다. 예를 들면, 학생들의 성적 관리, 휴대폰 요금제 관리, 심지어 교복 치마 길이까지 점검하고 있다. 사역팀 학생들은 이런 관여를 부담스러워하거나 짐으로 생각하지 않고 즐겁게 사역한다.

사역팀 학생들에게는 사역팀이라는 큰 자부심이 있다. 자신들을 청소년부 주인공이라고 생각하고 있는 것이다. 실제로 청소년부 전체적으로도, 사역팀에 속한 학생들을 MT나 OT 등 특별 프로그램을 통해 돌보고 있으며, 이들은 자신들이 특별 관리되고 있다는 느낌을 받을 때 주인공으로서 더 큰 자존감을 느끼게 된다. 현재 사역팀에 속한 학생들 모두가 믿음의 열정 속에서 봉사하고 있다.

드림교회 청소년부 사역팀은 그냥 청소년부의 주인공이 아니라 청소년부의 핵심 동력이라고 할 수 있다. 그래서 사역팀 학생들은 수련회, 제자훈련, Ask 10 파워 기도회, 주일 아침 PPM 기도회 등 모든 행사에 전원이 참석하고 있다. 그들은 누가 시켜서 일하는 게 아니라 뜨거운 믿음 안에서 자기 주도적으로 청소년부를 이끌어 가고 있다.

팀 이름	모임 시간	인원
둘로스(임원) 기획팀	토요일 오후 7-9시	약 20명
둘로스(임원) 예배팀	토요일 오후 7-9시	약 20명
둘로스(임원) 문화사역팀	토요일 오후 7-9시	약 20명
보이스(찬양) 1팀	토요일 오후 7-9시	약 10명
보이스(찬양) 2팀	토요일 오후 7-9시	약 10명
보이스(찬양) 3팀	토요일 오후 7-9시	약 10명
프로그(스킷)팀	토요일 오후 12-2시	약 20명
DFC(댄스)팀	토요일 오후 4-6시	약 13명
문서팀	토요일 오후 1-3시	약 6명
문화사역팀	주일 오후 2-4시	약 20명
봉사팀	토요일 오전 9-12시	약 15명

★ 드림교회 청소년부 사역팀 현황

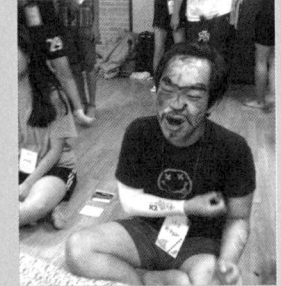

믿음이 들어가는 순간 학생들은 들러리에서 주인공으로 바뀐다.
믿음이 커질 때 교회에서 봉사하고 싶은 마음 역시 커진다.
믿음이 결국 들러리를 주인공으로 바꿔 놓는 것이다.

Chapter 05

천국 공동체로
분위기를 바꿔라

청소년들은 과연 어떤 교회를 좋아할까? 미국에서 청소년 30명의 부서를 1,000명으로 만든 전설적 여성 청소년 사역자 지니 메요(Jeanne Mayo)는 청소년들이 좋아하는 교회를 다음과 같이 밝혔다. 복수 응답이 가능한 설문조사에서, 학생들이 가장 좋아하는 중고등부는 '나를 환영하는 분위기가 가득한 중고등부'였다 (73%). 두 번째로 좋아하는 중고등부는 '다른 학생들과 친밀한 교제가 넘치는 중고등부'였다(70%). 신기하게도 새로운 스타일과 최첨단 기술의 오락 프로그램이 있는 중고등부는 불과 20%의 학생들만 좋아한다고 답했다.

이 설문조사 결과에서 알 수 있듯이, 교회 중고등부 분위기는 학생들의 신앙생활 정착과 믿음 성장에 있어서 매우 중요하다.

교회 학생들의 믿음 성장을 위해서 교회가 바꿔야 할 것 중 하나가 바로 분위기다. '딱딱함, 무미건조함, 지루함, 무거움' 이런 단어들이 현재 교회의 분위기라면 학생들이 싫어할 수밖에 없다. 학생들은 언제나 자신들을 환영해 주는 분위기를 원한다.

우리 교회를 볼 때, 학교 일진이나 학교에서 상습적으로 징계를 받고 어딜 가나 환영받지 못하는 학생들이 청소년부 안에 있다. 만약에 이런 학생들을 교회마저 환영해 주지 않고 방치하거나 나무라기만 한다면, 그들은 신앙이 성장하기는커녕 모두 교회를 떠나고 말 것이다. 교회가 오히려 이들을 반겨 주는 분위기로 갈 때 그들에게 변화가 일어난다. 학교나 가정에서 인정받지 못하다가 교회에서 알아 주고 인정해 주니 좋아하는 것이다.

그래서 나는 비행 청소년 끼가 있는 학생들에게 더 잘해 주려고 한다. 그래야 이들이 교회에 정을 붙이고, 수련회에 참석해서 주님을 인격적으로 만날 기회가 생기지 않겠는가? 나아가 훈련받고 교회에서 찬양팀이나 임원으로 봉사도 하게 될 것이다. 환영받는 분위기 하나만으로 우리 학생들은 달라질 수 있다.

교회에 들어설 때 반기는 분위기를 마다할 사람은 없다. 실제로 사람들이 교회를 선택하는 과정을 보면, 예배나 설교는 맨 마지막 과정에 속한다고 한다. 교회 입구나 현관, 본당 문 앞에서 만나는 사람들, 나를 안내해 주는 사람들의 모습과 태도에 따라 그 교회에 등록할지 말지가 70% 이상 결정된다는 통계를 본 적이 있다.

학생들도 마찬가지다. 교회에 올 때마다 나를 진심으로 환영해 주는 따뜻한 분위기 속에서 학생들은 감동을 받는다. 여기서 더 큰 믿음의 단계로 나아갈지 말지가 결정된다. 그런 의미에서 우리 교회는 학생들이 들어오는 1층 출입구, 2층 계단, 3층 본당에 이르기까지 들어오는 사람들에게 환대받고 있다는 느낌을 주기 위해 힘쓰고 있다.

좋은 분위기는 영적인 성숙을 이룬다

환영하는 분위기 속에서 학생들이 마음의 문을 열었다면 진정한 믿음의 성장은 영적 교제를 통해서 이뤄진다. 그러므로 학생들이 진정한 영적 교제를 누릴 수 있는 장을 만들어야 한다. 사도행전 2장에서 보듯이 영적으로 충만한 교제가 이루어지는 중고등부라면 그곳이 바로 천국이다.

우리 교회 청소년부를 보며 느끼는 것은, 학생들이 영적으로 성장할수록 더욱 교제를 갈망하더라는 것이다. 그런 학생들은 교회에서 작은 천국을 미리 경험하고 있다. 교제란 친구들끼리 그저 함께 노닥거리는 것을 의미하지 않는다. 성경적인 교제는 단지 놀고 즐기는 것을 뛰어넘는다. 라이프웨이(Lifeway) 부회장인 진 밈스(Gene Mims)는 "교제는 그리스도와의 친밀한 관계 위에서 크리스천들이 하나님과 다른 크리스천들과 나누는 친밀한 영적 교감"이라고 말했다. 천국의 모습을 직접 경험하는 것이 진정한 교제인 것이다.

청소년부 안에서 학생들이 영적 수준이 올라가면, 먼저 자주 모이는 모습이 눈에 띈다. 그들은 서로에게 관심을 갖고, 더 나아가 돌보는 모습을 보인다. 토요일에 공부 잘하는 학생이 그렇지 못한 친구에게 공부를 가르쳐 주는 모습도 종종 본다. 또한 영적으로 서 있는 학생이 약한 학생을 위해 기도로 중보해 주는 모습도 본다. 이런 것이 바로 사도행전 2장에 등장하는 초대교회의 모습이고, 더 나아가 천국이 시작되는 모습이다.

우리 교회 청소년부에서 믿음이 가장 좋다는 학생들이 모여 있는 사역팀을 보면, 모두가 교제 공동체를 이루고 있다. 사역팀 빅3을 차지하는 둘로스(doulos 임원), 보이스(voice 찬양팀), 프로그(frog 스킷팀)는 거의 가족 공동체 수준이다. 그냥 봉사와 사역을 위한 팀이 아니라 서로를 향한 사랑과 격려와 연합이 넘쳐나는 곳이다. 학생들은 그런 가족적인 분위기가 좋아서 한번 사역팀에 들어오면 웬만해서는 떠나지 않는다.

사역팀의 학생들이 교제하는 모습은 다른 학생들에게도 좋은 영향력을 끼치고 있다. 드림교회 청소년부에 드림 FC라는 지역 최강의 축구팀이 있다. 사역팀에서 봉사하는 믿음 좋은 학생들이 드림 FC의 주축 멤버를 형성하고 있다. 그들은 축구에 관심 있는 여러 친구들을 드림 FC로 끌어들여 같이 시합을 한다. 이 학생들은 주일 예배 후 같이 점심 식사를 하고, 거의 매주 다른 팀과 시합을 한다.

드림 FC에는 중1부터 고3까지 다양한 연령층이 있는데, 그 안에서 어떤 차별이나 불편함이 전혀 없다. 그래서 다른 남학생들이 쉽게 이 안으로 들어올 수 있다. 드림 FC 학생들은 축구 시합을 끝낸 후에는 주일 오후예배 참석하는 것을 늘 주일의 마무리로 여기고 있다. 그래서 자연스럽게 많은 학생들이 주일 오후예배에 동참하고 있다.

수련회는 분위기를 바꾸는 절호의 기회다

보통은 중고등부 분위기를 바꾸려고 해도 쉽게 되지 않는다. 주일에 잠깐 보는 학생들을 대상으로 분위기를 전환하기란 달걀로 바위 치는 꼴이다. 하지만 대부분의 학생들이 함께하는 수련회는 중고등부 분위기 자체를 완전히 바꿀 수 있는 절호의 기회다. 학생들 사이에 어색했던 것을 누그러뜨리고, 그간 딱딱했던 돌 같은 마음들을 깰 수 있게 된다. 그래서 수련회를 한번 잘하면, 중고등부는 분위기를 새롭게 바꾸어 도약할 수 있게 된다.

우리 교회 학생들의 대부분은 수련회를 몇 달 전부터 기다릴 만큼 좋아한다. 그리고 매번 수련회는 청소년부 분위기를 업그레이드하는 데 큰 도움이 된다. 특별히 학생들의 인원수가 많아 평소에 제대로 교제하기 거의 불가능한 우리 교회의 시스템 속에서 수련회는 더욱 중요하다. 평소에 서로의 이름과 얼굴을 모르는 학생들이 허다하지만 수련회에 가서 서로 무척 친해진다.

그래서 수련회 프로그램은 절대적으로 교제 중심이다. 저녁 집회는 하나님과의 교제, 나머지 시간은 학생들끼리 교제를 잘할 수 있도록 프로그램을 디자인한다. 수련회 기간에는 교제에 집중하기 위해 휴대폰을 비롯한 모든 미디어 기기는 아예 반입을 허락하지 않는다.

조 편성도 친한 친구끼리 모이게 하지 않고 무작위 방식으로 한다. 이것 때문에 처음에는 수련회 가기를 거부하는 학생들도 있었는데, 대부분 수련회 후에는 새로운 친구들과 더 즐거운 교제를 나누는 모습을 보게 된다. 수련회가 끝나면 그냥 헤어지기 아쉬워서 애프터 모임을 하는 조들이 상당히 많이 있다. 어떤 조는 다음 수련회까지 6개월간 자기들끼리 비밀 모임을 갖기도 한다. 지난해 수련회에 참석했던 조원들을 위해서 매일 기도하는 학생들도 있다. 수련회 이후 관계적으로, 그리고 영적으로 한 단계 업그레이드된 분위기는 매번 청소년부가 활력을 갖는 데 큰 도움이 된다.

분위기가 좋으면 신입생들이 쉽게 적응한다

중고등부의 좋은 분위기는 갓 올라온 중학교 1학년들이 정착하는 데 큰 도움이 된다. 우리 교회 청소년부처럼 중고등학생들이 500명이 넘게 출석하는데, 이를 한 부서로 묶어 놓은 교회는 별로 없을 것이다. 6년 통합 교육은 생각보다 유익한 점이 많다.

하지만 우리 교회 청소년부 같은 큰 조직 속에서 갓 올라온 중학교 1학년이 새로운 분위기에 적응하기란 쉬운 일은 아니다. 작년까지 소속되어 있던 소년부(5, 6학년)보다 규모가 세 배나 큰 청소년부에 올라오면 주눅부터 들게 마련이다. 상황에 관계없이 중학교 1학년의 청소년부 적응은 상당히 중요하다. 특별히 중1이 얼마나 빨리 적응하느냐가 그해 청소년부 농사를 좌우한다. 청소년들을 새로 전도해 오는 것도 중요하지만 승급한 학생들을 잘 정착시키는 것은 훨씬 더 중요하다.

중학교 1학년 학생들이 새로 온 지 정확히 한 달 만에 신입생 입학 여행을 간다. 일종의 중1 독립의 동계 수련회로서 새로운 분위기에 빨리 적응하게 만드는 프로그램이다. 중1들이 불과 한 달 전까지 초등학교 소년부의 최고 학년으로 있다가 청소년부의 막내가 된 것은 일종의 스트레스일 것이다. 교육학자들은 이것을 탑독 현상(top-dog phenomenon)이라고 부른다. 최고의 강자(top-dog)가 최고의 약자가 되었다는 뜻이다. 청소년부는 이런 시기에 있는 학생들이 보이지 않게 받는 스트레스까지 신경 써 줘야 한다.

그래서 중1 학생들의 청소년부 적응과 정착을 돕는 프로그램이 있어야 한다. 우리 교회의 경우 입학 여행을 간다. 이때는 모든 프로그램을 철저히 교제 중심으로 만들고 신입생들이 새로운 분위기에 빨리 적응하고 서로 친해질 수 있는 시간을 만든다. 새로운 분위기 적응이라는 과업을 위해서, 저녁 집회 시간도 보통 청소년부 수련회의 3분의 1 수준으로 줄인다. 수련회 기간 내내 그냥 같이 노는 것이다. 학생들이 피곤해 지칠 때까지 놀고 또 놀고, 아침에 일어나서도 논다. 교역자도 같이 놀고, 교사들도 같이 논다.

이렇게 입학 여행을 통해 학생들과 교제를 나누고 나면 이제 정착은 무척 쉬운 일이 된다. 실제로 입학 여행을 한 이후로 중1 학생들은 거의 떨어져 나가지 않았다. 분위기가 정말이지 좋았다는 반응과 함께 거의 99%가 청소년부에 정착했다. 이렇게 청소년부에서 친밀한 교제를 체험한 학생들은 이후로 모든 청소년부 프로그램에 적극 참여하게 되었다. 심지어 중1에게 처음 실시한 제자훈련에 너무나도 많은 학생들이 신청해서 당황한 적도 있다.

좋은 분위기는 전도에 영향을 준다

분위기가 좋은 중고등부에는 늘 새 신자가 있다. 그리고 새 신자 정착률이 높다. 일반적으로 아무리 새로운 학생들을 많이 전도해 와도 새로운 학생들이 기존 학생들에게 환영을 받지 못하면 교회에 지속적으로 나오지 않게 된다. 그러므로 학생들이 처음 교회에 오면 최대한 환대하면서 친한 친구와 함께 교제 공동체 안에 빨리 포함되도록 만들어야 한다.

학생들 사이에 더 좋은 분위기를 만들기 위해서 드림교회 청소년부는 되도록 같은 학교에 다니는 학생들을 같은 반으로 묶고 있다. 보통 학년마다 10개 반이 있는데, 되도록 학교별로 묶고, 거기서 분위기를 극대화하도록 유도한다. 이렇게 할 때 다음의 결과가 나타났다.

첫째, 교회 반 안에 친한 친구들이 많아서 더욱 빨리 서로 친해질 수 있었고, 반 분위기도 활발해졌다. 원래 알던 친한 친구들과 교회 반에서도 같이 있으니 분위기가 좋을 수밖에 없었다. 또한 교사 입장에서도 반 관리가 무척 수월해진 장점이 있었다.

둘째, 영적으로 성숙한 학생들의 경우 학교에 기도 모임을 만들어 학교에서도 천국 공동체를 이루는 데 힘쓰는데, 더 많은 학생들이 이 기도 모임에 참석하게 되었다. 교회에서 같이 도전 받은 학생들이 같은 학교를 다닐 때 교회의 천국 분위기가 학교까지 연결되는 것이다.

셋째, 교회에 새로운 친구가 왔을 때도 학교에서 원래 알던 사이여서 더 빨리 적응할 수 있었다. 이사를 했다든지 하는 이유로 학생만 홀로 새로 왔을 경우에도 학교나 교회에서 빨리 적응할 수 있도록 가능한 한 같은 학교에 다니는 학생이 있는 곳으로 반을 배정했다.

우리 교회 청소년부는 특별히 전도의 계절이 다가올 때 더욱 좋은 분위기가 유지되도록 힘쓴다. 전도 집회를 전후로 강력한 교제 프로그램을 준비한다. 통상 1차 전도 집회가 5월 말에 있는데, 그 앞주에는 청소년부 체육대회가 있다. 청소년부 체육대회는 대충 준비하지 않는다. 최소한 학교 체육대회를 뛰어넘는 수준으로 준비한다. 우선, 그 지역에서 시설이 가장 좋은 학교를 장소로 잡는다. 그리고 학생들을 VIP 대접하며 대형 버스 여러 대를 빌려서 이동시킨다. 각 경기마다 아이스크림, 음료수, 핫도그, 팝콘 등의 먹을거리를 즉석 상품으로 준비해 학생들의 참여를 독려한다. 여기에 맛있는 점심 식사와 시상까지 마련되어 있어 학생들은 하루 종일 신나게 놀고 집으로 간다.

전도 집회를 앞두고 실시하는 체육대회는 친구 데려오기 1차 작전이다. 워낙 많은 학생들이 체육대회에 참석하기 때문에 사실 누가 새로 왔는지도 알 길이 없다. 이런 익명성이 보장되기 때문에 새로운 학생들이 가볍게 체육대회에 참석한다. 그래도 사역자의 눈에는 처음 보는 학생들이 꽤 많이 포착된다. 이때 한번 청소년부 프로그램에 발을 내딛은 학생들이 그 다음 주 전도 집회에 올 확률이 높아진다.

전도 집회가 끝난 토요일에는 전도한 친구와 새로운 친구 모두

가 함께 영화를 보러 간다. 극장 측과 협상을 잘하면 저렴한 가격에 단체 표를 구입할 수 있다. 이렇게 교제의 끈을 만들어서 세 번 정도만 꾸준히 교회에 오게 하면 그 다음에는 일이 무척 쉬워진다. 내 경험으로 보자면, 3주 연속으로 교회에 나온 친구들의 정착률은 90%가 넘었다. 여러 가지 프로그램으로 청소년부의 좋은 분위기의 극대화하면 늘 전도에 큰 도움이 된다.

졸업 때까지 좋은 느낌을 줘라

고3들이 청소년부를 떠나는 마지막 프로그램인 졸업 여행까지 분위기에 신경을 많이 쓴다. 고3들이 정말 행복한 느낌으로 청소년부를 떠날 수 있도록 해준다. 수능이 끝나고 그 다음 주 주말을 이용해서 1박 2일로 졸업여행을 간다. 청소년부 6년을 마무리하는 프로그램이 졸업여행인 것이다. 여행의 패턴은 늘 동일하다. 관광버스나 교회 봉고차가 아닌 기차를 타고 겨울 바다를 향해 달려간다. 프로그램은 특별한 것이 없다. 그냥 놀다 온다. 이때만큼은 예배나 기도회는 절대 하지 않는다. 그냥 잘 먹고 잘 놀다 오는 것이 졸업 여행의 전부다. 졸업 여행의 만족도는 늘 100%를 웃돌았다. 모두가 밤을 새면서 미친 듯이 논다. 불만이 있다는 학생은 여태껏 본 적이 없다. 특별히 한 학생이 했던 말이 아련하게 가슴에 남는다. "목사님, 3년 만에 처음으로 제대로 놀아 보았어요."

대한민국 청소년들은 놀고 싶다. 제대로 된 놀이 분위기 속에서 살아 보고 싶은 것이다. 청소년들은 참된 교제에 굶주려 있다. 학교 소풍이나 수학여행 프로그램을 보면 알겠지만 학생들의 만족과는 거리가 멀다. 대한민국 청소년들은 어딜 가도 재미없는 것 투성이다. 사회가 그들에게 분위기를 맞춰 주지 못한다. 그러니 모든 게 재미없고 행복지수는 매우 낮다. 교회가 조금만 노력한다면 재미있는 분위기를 원하는 청소년들에게 만족을 줄 수 있다.

　세상과는 다른 특별한 분위기가 교회 안에 있다면, 더 많은 일을 교회가 할 수 있을 것이다. 지금 대한민국 공교육 현장을 보면, 학교 안에서 집단 따돌림이나 학교 폭력의 피해가 얼마나 많은가? 이렇게 상처와 아픔이 있는 학생들을 교회는 어루만져 줄 수 있다. 친구가 없어서 교제다운 교제를 해본 적이 없는 학생들에게 교회는 교제의 장을 열어 줄 수 있다. 세상에서 즐거움을 경험하지 못했던 학생들이 교회에서 즐거움을 얻을 수 있다.

　교회 중고등부를 작은 천국의 모습으로 바꾸기 위해 힘쓰고자 한다면, 학생들의 믿음 성장, 전도, 소외 계층 돌보기까지 모두 감당해야 할 것이다.

청소년들이 가장 좋아하는 교회는 '나를 환영하는 분위기가 가득한 중고등부' (73%)였고, 다음이 '다른 학생들과 친밀한 교제가 넘치는 중고등부' (70%)였다. 새로운 스타일과 최첨단 기술의 오락 프로그램이 있는 중고등부는 불과 20%의 학생들만 좋아한다고 답했다.

Chapter 06

자발적으로 전도하는 중고등부로 바꿔라

우리 교회에는 40여 개의 다양한 중고등학교 출신의 학생들이 나오고 있다. 이 중에는 다른 지역에서 유학 온 특수 목적 고등학교(이하 특목고) 학생들도 있다. 특목고 학생들은 모두가 기숙사 생활을 하고 있는 지역의 우수 인재들이다. 우리 교회에 오는 특목고 출신의 학생들을 보면 특징이 하나 있는데, 믿음이 매우 뜨겁다는 것이다.

그들은 매일 저녁 식사 후에 자기들끼리 모여 기도회를 한다. 최근에 이 학교 학생들의 출석이 갑자기 많아져서 학생들에게 이유를 물었더니, 고작 20명 출석하는 것이 무엇이 많으냐는 물음이 되돌아왔다. 알고 보니 그들은 주일에 같이 교회 갈 학생들을 모집하는 포스터를 학교 기숙사에 붙였다고 한다. 매일 갖는 기

도회 시간 속에서 학생들의 마음이 영혼 사랑으로 뜨거워지자 더 많은 학생들을 주님께 인도하고 싶은 마음들이 자발적으로 생긴 것이다.

잘되는 중고등부에는 늘 새로운 학생들이 있다. 죽은 중고등부는 새로운 학생들이 1년에 고작 한두 명 올까 말까 한다. 건강한 중고등부가 되기 위해서 전도는 무척 중요한 일이다.

학생들의 믿음 성장은 반드시 '전도'라는 열매로 이어지기 때문이다. 주님의 사랑을 실천하는 것은 결국 영혼 구원으로 이어지게 마련이다. 학생들이 믿음이 좋아질수록 더욱 많은 친구들을 교회로 이끄는 것 같은 맥락에서 이뤄지는 일이다.

전도는 믿음의 성장이 가져다준 큰 열매인 동시에 교회에 생명력을 심어 주는 일이다. 새로 전도된 영혼이 주님을 만나고, 이후 교회에서 양육 받고 제자가 되어 또 누군가를 전도하게 된다. 이 과정이 있어야 중고등부가 생명력을 갖게 되고 역동성을 띠게 된다. 반대로 1년 내내 새로운 얼굴 하나 비치지 않는 교회라면 죽은 교회와 다름없다. 반드시 교회에는 새로운 생명들이 와서, 양육을 받고 성장하고, 일꾼이 되고 또 누군가를 재생산하는 유기적인 사역이 이뤄져야 한다. 전도가 없으면 교회는 생명력을 잃는다.

안타깝게도, 현재 우리나라 대부분 교회들의 실정을 보면, 학생들을 전도하기는커녕 기존 학생들조차도 잘 나오지 않고 있다. 학생들이 모이지 않는 근본적인 이유는 어디에 있을까? 바로 전도하지 않는 데 있다. 매주 정기적으로 전도하는 교회가 얼마나 있을까? 최윤식 목사는 「꿈꾸는 교사여, 절대 포기하지 마라」(브니엘 펴냄)에서 5% 미만의 교회만이 주 1회 전도를 하고 있다고 말했다. 1년에 한 차례라도 집중해서 전도하는 교회 역시 10%가 채 되지 않았다.[9] 이것은 비단 대형 교회도 예외가 될 수 없다고 그는 책에서 말한다. 우리는 '전도'라는 말만 들어도 큰 부담감을 갖는다. 그러면서 아예 시도조차 하지 않는다. 그래서 교회가, 학생들이 죽어 가고 있다.

교회 중고등부를 건강하게 하기 위해서는 부서를 자발적인 전도 공동체로 반드시 바꿔야 한다. 어떻게 하면 학생들이 자발적으로 전도할 수 있게 될까?

우선, 믿음 성장에 초점을 맞춰라

처음부터 학생들에게 무작정 전도하라고 구령에 대한 열정을 심어 주기보다는 그들의 믿음부터 성장시켜야 한다. 전도할 수 있을 만큼 믿음의 분량을 교회에서 학생들에게 만들어 주어야 한

---

9) 최윤식 외, 22.

다. 특별히 예배를 통해서 학생들이 주님의 임재를 경험하고, 기도와 말씀으로 기본적인 영적 훈련을 받아야 한다. 수련회나 특별 집회를 통해 영적 임팩트가 학생들의 심령 가운데 들어갈 때, 그들의 마음이 움직인다. 처음에는 마른 뼈 같던 학생들일지라도 그 안에 믿음이 들어가면 움직이며 전도에 집중하는 용사들이 된다. 앞에서 말한 특목고 학생들을 제외하고도, 교회 안에서 믿음이 성장한 학생들은 최종 목표를 자기 반 학생들과 자기 학교 학생들의 영혼 구원으로 잡는다. 심지어 믿지 않는 담임교사와 교장을 위해서 매일 간절하게 기도하는 학생들도 있다. 학생들이 믿음의 성장을 경험하고 나면, 그 다음에는 자발적으로 전도하기 시작한다.

　우리는 이제 더 이상 청소년 전도가 되지 않는다고 여러 가지 핑계를 댄다. 특히 학교와 학원 등의 공부에 대한 핑계를 빠트리지 않는다.
　그런데 아무런 종교를 갖고 있지 않은, 불신 중고등학생 500명을 대상으로 한 설문조사 결과는 이런 핑계와는 다른 현실을 보여 주고 있다. 그들에게 왜 종교를 선택하지 않느냐는 질문을 했더니, 우리의 예상과는 다른 답변이 나왔다. '종교 자체가 싫어서'와 '자신에게 유익이 없어서', '재미가 없어서' 종교를 선택하지 않는다는 답변이 무려 79%에 달했다. 실제로 보면 부모들

1위 종교 자체가 싫어서 48%
2위 유익이 없다고 생각해서 22%
3위 재미가 없어서 9%
4위 공부 때문에 7%
5위 부모가 반대해서 2%

★ 학생들이 종교를 갖기 싫어하는 이유

의 반대는 그렇게 큰 비중을 차지하지 않았다. 오히려 사회성과 윤리의식이 떨어지는 자녀들에게 종교를 권장하는 부모들도 꽤 있었다. 공부에 대한 부담 때문에 교회에 오지 않는다는 응답도 예상보다 높지 않았다.

실제로 우리 교회에는 공부 잘하는 학생들이 꽤 많이 출석하고 있다. 시내 중고교에서 전교 1등을 하는 학생이 10명 이상이나 된다. 한번은 한 자율 사립형 고등학교(이하 자사고) 학생들을 전도했는데, 그 학년에서 전교 1-10등까지 한 학생들 대부분이 교회에 나오게 되었다. 그리고 대부분이 교회에 잘 정착했다.

나중에 전교 1-2등 하는 학생들에게 교회가 공부에 방해되지 않느냐고 물어 봤더니 결코 방해되지 않는다고 했다. 자기 할 도

리만 잘하면 믿지 않는 부모님도 교회 가는 일에 특별히 간섭하지 않는다고 했다. 오히려 공부만 하면 스트레스를 받을 수 있는데, 부모들은 교회를 스트레스 해소 기관으로 인식하고 있었다. 그래서 공부 좀 한다는 고3 학생들도 동일하게 같이 수련회에 가고, 제자훈련도 받고, 사역팀에서 봉사까지 하고 있다.

매년 전도가 잘되는 특정 학년이나 반이 있다. 여기에는 늘 비슷한 패턴이 있다. 연초에 믿음과 관련해 사전 작업이 잘된 학년이나 반이 전도가 잘된다는 것이다. "어떤 학년이 겨울 수련회에 많이 참석했는가?" "어떤 반 학생들이 수련회에 많이 갔는가?"가 학생들의 전도에 큰 영향을 끼친다. 더욱이 우리 교회에서는 수련회에 참석하고 은혜를 많이 받고, 후에 제자훈련에 많이 동참하여 신앙의 업그레이드를 경험한 반이 전도를 많이 했다. 이것은 프로 야구에서 시즌을 준비하는 선수들의 모습과 흡사하다. 겨울에 캠프와 개인 훈련으로 몸을 잘 만든 선수들이 봄 시즌이 시작되면 대박을 낸다.

중고등부 담당 교역자나 교사가 학생들의 믿음 성장에 철저하게 초점을 맞춘다면, 얼마든지 학생들의 자발적 전도를 끌어낼 수 있다.

황금어장 학교로 찾아가라

학생들이 믿음이 성장했다고 해서 모두가 전도하러 나서지는 않는다. 학생들의 마음을 움직이려면 감동이 필요하다. 학생들을 감동시키기 위해서는 먹을 것이나 선물 같은 물질보다는 깊은 관계를 형성하는 것이 먼저다. 학생들과 관계를 형성하기 위해서는 학생들이 있는 곳으로 직접 가서 만나는 것보다 더 좋은 방법이 없다. 교회에서는 학생들과 관계를 형성하기가 어렵다. 학생들의 입장에서 보면, 교회에서는 목사나 교사가 갑이고 학생은 을이기 때문이다. 그래서 그들은 교회에서 기가 죽어 있기 쉽다.

하지만 학교에서는 학생이 갑이고, 방문자는 을이 된다. 학교에서 만난 학생들의 모습은 절대로 기죽어 있지 않다. 학생들의 홈그라운드인 학교를 찾아가서 그들을 직접 만날 때, 관계가 보다 더 잘 형성되고 학생들은 감동을 받는다. 지금 대한민국 학교는 전도하기에 황금어장이다. 물 반, 고기 반 정도가 아니라 물은 없다시피 하고 고기들뿐이다.

미국에 유명한 마약상이 있었다. 그는 학생들에게 인기가 많았고 그만큼 강력한 영향력을 갖고 있었다. 이 사람 때문에 수많은 학생들이 마약에 빠졌다. 이것이 사회적인 문제가 되자 한 목사가 그 마약상을 찾아갔다. 그리고 심기를 건드리지 않은 분위기 속에서 그에게 물었다. "당신은 어떻게 학생들에게 그렇게 큰 영향력을 끼칩니까? 학생들이 왜 당신을 그렇게 좋아하나요? 비법을 말씀해 주십시오."

그러자 그는 이렇게 대답했다. "목사들은 늘 교회에만 있으니 학생들에게 영향력을 줄 수 없는 겁니다. 하지만 나는 학생들이 있는 곳이라면 어디든지 따라갑니다. 아침에 등교할 때 학교 근처에서 학생들을 맞이하고, 학교가 끝나는 시간에 맞춰 교문 근처에서 기다립니다. 그들이 야외 수업을 가면 저도 그곳에 따라갑니다. 이것이 내가 학생들에게 영향력 있는 이유이자 학생들이 저를 좋아하는 이유입니다."

교회 청소년들을 전도하게 만들기 위해서는 그들이 있는 학교로 직접 찾아가야 한다. 미국의 청소년 사역자 차드 차일즈(Chad Childs)는 "청소년이 부흥할 길은 전도밖에 없는데, 그러기 위해서는 청소년들이 있는 곳으로 가서 그들을 만나야 한다"고 말했다.

지금, 청소년들은 대부분의 시간을 어디에서 보내는가? 청소년들이 하루에 최소 8시간, 많게는 15시간을 보내는 곳, 1년에 최소 10개월 이상을 보내는 곳은 어디인가? 자기 방이 아니라 학교다. 청소년들이 대부분의 시간을 학교에서 보내고 있다면, 우리는 반드시 그곳으로 가야 한다. 반드시 학교 전도를 해야 한다. 학교 전도를 포기하면 청소년 전도를 포기하는 것과 마찬가지다. 청소년 전도에 있어 학교는 물고기가 넘쳐나는 황금어장 같은 곳이기에 누구든지 가면 최소 물고기 몇 마리는 잡을 수 있다.

지금 당신이 교회 학생들을 만나기 위해서 학교로 간다면, 그들의 마음이 그때에야 비로소 움직일 것이다. 친구들을 전도하고 싶은 마음이 생길 것이다.

학교 전도에 전략이 필요하다

전도의 원리 가운데 중요한 것은 자발성이다. 학교 전도라고 해서 교역자나 교사가 학교에 찾아가 학생들을 끌고 교회로 오는 것은 아니다. 그렇게 한다고 해서 학생들이 교회로 오지도 않는다. 또한 우리는 '전도' 하면 사영리나 전도폭발과 같은 복음 자체의 전달을 생각하는 경우가 많다. 아니면 무작정 전도지를 나눠 주는 일을 떠올린다.

물론 그것도 전도의 한 방법이고 중요한 일이지만, 학생 전도에서는 관계 전도가 가장 중요하다. 관계적인 측면은 역시 자발성이 없으면 의미가 없다. 그래서 아무리 학교에 가서 복음을 증거하고 학생이 주님을 영접하더라도 관계가 형성되지 않으면 그 학생은 교회로 올 확률이 매우 낮다.

학교 전도의 목표는 어떤 학생의 전화번호를 얻어 그 학생을 교회로 데려오는 데 있는 것이 아니라, 교회 학생의 또 다른 친구를 만나 관계를 형성하는 데 있다. 그러므로 힘들게 학교 안에 들어가서 수많은 학생들에게 복음을 전파하기보다는 우리 교회에 다니는 학생의 다른 친구 한 명을 만나는 것이 더 효과적일 수 있다. 중고등부 사역자나 교사들 가운데 학교 전도를 하고 싶은 사람이 있다면, 학교나 학교 근처에서 우리 교회에 다니는 학생의 친구를 만나면 된다. 그 친구를 만나서 간식이라도 한번 먹으면 그것으로 관계가 시작된다. 내가 경험한 바로는 세 번 정도 만나면 대개는 모두 교회로 왔다. 심지어 교회 나오라는 말은 한마디도 하지 않았음에도 불구하고 자발적으로 교회로 왔다.

이보다 좀 더 조직적인 학교 전도를 원한다면, 인근 학교에 대한 정보를 먼저 파악해야 한다. 과거와 달리 최근에는 학교 교문 출입이 무척 어려워졌다. 그래서 학교 전도를 직접 할 수 있는 학교와 그렇지 못한 학교를 구분해야 한다. 미션스쿨이거나 기독교에 호의적인 학교라면 점심시간이나 쉬는 시간을 이용해서 학생들을 모아 놓고 공개적으로 전도를 할 수 있다. 미션스쿨이 아니더라도 학교 교장이나 교감이 크리스천인 경우 교사의 힘을 빌려 학교에 공간을 마련해서 전도를 할 수 있다.

학교로부터 어떤 도움도 얻기 힘들다면, 학생 가운데 학교에서 영향력을 행사하는 학생이 있는지 찾아보라. 전교 회장이라든지 전교 1-2등 하는 학생이 교회에 다니고 있다면, 그리 어렵지 않게 그 학생들을 통해 도움을 받을 수 있다. 그 학생들이 직접 나서서 학교로부터 장소를 제공받도록 할 수도 있다.

앞에서 말한 상황과는 달리 학교에서 완고하게 기독교를 싫어

미션스쿨이나 기독교에 호의적인 학교	9개교
기독교에 호의적인 교사가 있는 학교	13개교
기독교에 호의적이지는 않지만 영향력 있는 학생이 있는 학교	9개교
기독교를 싫어하는 학교	6개교

★ 전도의 관점에서 분류한 학교들 : 드림교회 학생들이 다니는 주요 37개교

하거나 교회에서 오는 것을 반대하는 경우에는, 소수 정예로 교문 앞에서 우리 교회에 다니는 학생과 친구 몇몇을 만날 수 있다. 이마저도 힘들면 학교 끝날 때 교문 앞에서 우리 교회 학생들과 그의 친구들을 만나면 된다.

나는 매일 점심시간을 이용해 지역의 중고등학교에 가서 전도하고 있다. 나는 이것을 사역의 우선순위에 두었다. 점심시간에 누가 맛있는 것을 사 준다고 해도 따라가지 않는다. 학교에서 한 영혼을 만나는 것은 좋은 식당 가는 것과 비교할 수 없을 만큼 흥분되는 일이다. 나는 각 학교를 갈 때마다 이미 분류해 놓은 학교에 따라 다른 전략을 사용한다. 일반적으로 사용하는 방법은 이렇다. 먼저 학교 방문 스케줄을 주일 예배 시간에 광고해서 학생들이 숙지하게 한다. 방문 전날이 되면 다시 각 반 교사들이 학생

들에게 문자를 보내서 모임이 있음을 일깨워 준다. 그리고 약속 시간에 학교에 가면 학생들이 친구들을 데리고 온다. 그러면 아주 짧으면서 재미있는 메시지를 전하고, 기도하고, 간식 먹고, 모임을 끝낸다. 나와 동행한 선생님들은 학생들이 간식을 먹을 때 그들 곁에 다가가 은근하게 '작업'을 한다.

중요한 것은 학교에서 잠깐 머무는 시간에 절대 모든 승부를 보려고 하지 않는다는 것이다. 복음을 건전하게 알리는 일종의 홍보인 셈이다. 대놓고 예수 그리스도를 통한 구원을 선포하지 않는다. 신기한 것은 주일에 새로 온 학생들을 보면, 그때 학교에서 만났던 학생들이 꽤 있다는 것이다. 학교에서 잠깐 만났을 뿐이지만 그때 학생들의 마음 문이 많이 열린 것이다. 그런 다음에 우리 교회 학생들이 알아서 그 친구를 교회로 인도한 것이다. 학교에서 한 번 만난 학생들은 주일에 교회에서 나와 마주쳐도 그리 어색해하지 않는다.

학교를 방문하다 보면 에피소드도 많다. 학교 내부에 들어가는 것에 대해 공식적으로 불허 통보를 받고 안타까워서 그냥 돌아올 때도 있다. 학교에서 비공식적인 허락을 받았는데, 교감이 안 된다고 해서 쫓겨난 일도 있었다. 때론 공식적인 허락을 받았음에도 불구하고 학교에서 끝까지 장소를 내주지 않아서 추운 날씨에 떨면서 운동장에서 학생들을 만나기도 했다.

행정팀의 준비	방문할 학교를 선정하고 학교 대표를 세운 다음에 스케줄을 잡는다.
학생 대표의 준비	학생 대표가 학생 주임교사에게 허락을 맡고, 교회 학생들에게 연락해 교회 학생들 및 믿지 않은 친구들을 음악실 등의 교실로 모이게 한다.
전도팀의 준비	평일 낮 시간 활용이 가능한 교사들이 간식을 준비하고, 해당 학교 학생의 교회 담임에게 연락을 해서 같이 참여할 것을 종용한다.

★ 학교 전도 준비 단계

학교를 방문하다 보면 생각지도 않은 일들이 많이 벌어진다. 어떤 학교는 강당에서 모임을 갖고 있었는데, 간식을 준다는 소문이 갑자기 퍼져서 150명의 학생들이 몰려와 모임 중간에 간식을 더 사러 가기도 했다. 또 학생들을 간신히 야외에 모아 놓고 한창 메시지를 전하고 있는데, 모임을 해산시키려고 온 어떤 교사가 메시지를 듣고 '은혜'를 받아 그냥 쓰레기만 줍고 가는 일도 있었다. 학교에서 하는 전도는 그날 어떤 역사가 일어날지 전혀 예측할 수 없어 반드시 기도로 많이 준비하고 가야 한다. 그래서 새벽마다 '오늘 있을 학교 전도에서 하나님께서 함께하며 역사해 달라는' 기도를 빠뜨리지 않는다.

학교 방문은 여러 가지 효과를 준다.

첫째, 우리 교회 학생들에게 믿음의 자부심을 심어 주고 격려하는 의미가 크다. 사실 목사가 학교 안까지 들어오는 경우는 아주 드물다. 학교 안에서 만나는 우리 교회 학생들 한 명 한 명에게 '바로 너 때문에 내가 학교에 왔다'는 무언의 메시지는 큰 격려가 된다. 그래서 학생들은 친구들을 전도할 수 있는 담대한 마음을 갖게 된다. 그것만큼 전도에 크게 동기를 부여해 주는 것도 없는 것 같다. 한 번의 만남이 학생들에게는 전도의 동력이 된다.

둘째, 학교에 가면 반드시 교회 다니다가 안 다니는 학생을 만나게 된다. 그동안 연락이 되지 않아 속상했던 그 학생을 다시 만나면서 접촉점이 다시 시작되는 것이다. 그러면 교회로 인도하기가 쉬워진다.

셋째, 교회에 오고는 싶지만 누군가가 인도하지 않아서 못 오는 학생들이 많다는 사실을 알게 되고, 이로 인해 구령의 열정이 더 커진다.

매년 두 번 이상씩 각 학교를 방문하고 있는데, 이것은 우리 교회 학생들뿐 아니라 다른 학생들에게도 즐거운 연례 행사가 되었다. 그래서 교회는 다니지 않지만 학교를 찾아갈 때마다 만나는 학생들도 생겼는데, 그 학생들은 복음을 받아들일 잠재성이 무척 높다고 볼 수 있다.

나는 설교 시간이나 성경공부 시간에 학생들에게 전도하라는 말을 거의 하지 않는다. 그런데도 매주 새신자들이 온다. 전도 축제 때는 한 학기에 보통 300명의 새신자들이 교회로 온다. 전도는 설교 시간에 무조건 '복음을 전하라'고 윽박지르듯이 소리를 높인다고 되지 않는다. 학생들이 자발적으로 움직일 수 있는 치밀한 전략이 필요하다.

학생들이 자발적으로 참여하는 전도 프로그램

청소년 전도에서 프로그램의 중요성을 간과할 수 없다. 어떻게 프로그램을 기획하느냐에 따라 전도의 열매에 큰 차이가 생긴다. 학생들의 믿음이 성장하면서 전도에 대한 동기 부여는 충분히 되었는데, 프로그램이 잘 디자인되지 않아 전도가 되지 않는 경우가 있기도 하다. 믿음이 성장해서 전도하고 싶은 열정이 생긴 학생들에게 교회가 해야 할 일은 전도할 방석을 깔아 주는 것이다.

우리 교회 청소년부는 1년에 두 차례 전도 집회를 하고 있다. 봄에는 학교 전도가 충분히 끝난 시점인 5월 마지막 주에 진행하고, 가을에는 가을 학교 전도를 충분히 끝낸 10월 마지막 주에 진행한다.

먼저, 전도 집회는 준비 과정이 상당히 중요하다. 학교 방문을 할 때 전도 집회 때 꼭 놀러 오라고 학생들에게 홍보한다. 그리고 각 학교마다 전도 집회 포스터를 붙인다. 태신자를 작정한 학생들에게는 전도용 선물과 초대장을 나눠 준다. 이때 교회 학생들에게 조언하길, 친구들더러 교회에 가자고 하기보다는 축제에 놀러 가자고 말하라고 한다. 그리고 우리가 준비하는 행사가 각 학교에서 열리는 축제와 같은 교회 축제라고 설명하면서 엄청 재미있음을 강조한다. 실제로 전도 축제에 참석한 학생들은 종교적인 이질감이나 거부감을 전혀 느끼지 못했다고 말한다. 그렇게 그들이 지속적으로 교회에 올 수 있는 길을 열어 두는 것이다.

전도 축제는 반드시 주일 예배 시간에 진행하도록 한다. 그래야 학생들을 다시금 교회로 인도하기가 가장 쉽기 때문이다. 또한 이미 다른 교회에 다니고 있는 학생들을 배제하기 위해서다. 우리 드림교회의 전도 축제는 기존 교회의 전도 축제 포맷과는 조금 차이가 난다.

우선, 주일 예배 시간에 드리는데, 어찌 보면 이것이 과연 예배인가 하는 생각이 들 정도록 형식 파괴를 추구한다. 유학 시절에 방문했던 미국 교회들 가운데 구령의 열정이 뛰어난 교회들만이 지닌 특징이 있다. 우선 젊은이들이 많다. 일반 전통 교회는 갈수록 노령화가 심각한데 그 교회에서는 정반대의 현상이 일어난다. 그 다음 특징이 예배 형식의 파괴다. 전통 교회에서 차마 생각하기 힘든 예배 스타일이었다. 기존의 전통 교회에서는 "저것도 교회냐" "저것도 예배냐"라는 말이 나올 만큼 파격적인 스타일을 추구했다.

최근 우리나라에서 청소년 전도가 되지 않는 이유를 보면, 아직도 리더들의 사고와 프로그램이 전통적 패러다임에 묶여 있어서가 아닌가 하는 생각을 해본다. 내가 만 8년 만에 한국에 복귀해서 제일 먼저 느낀 것은 한국 교회는 변하지 않았다는 것이다. 특히 교육부서는 전혀 변하지 않았다.

한 영혼을 구원하기란 결코 쉬운 일이 아니다. 교회가 최소한 현대의 문화 코드를 읽고 청소년들이 원하는 것을 해주는 가운데 복음을 넣어야 한다.

몇 년 전 TV에서 〈위대한 탄생〉(이하 위탄)이라는 프로그램을 방영할 때, 그 포맷을 주일 예배 시간에 그대로 한번 적용해 보면 좋겠다는 생각이 들었다. 그래서 위탄과 같은 형식으로 공연팀을 한 팀씩 탈락시키면서 예배를 진행했는데 그게 그야말로 '대박'이 났다. 공연도 잘해야 했지만 참여한 학생들의 평가가 현장 투표로 진행되었기에 자신에게 투표해 줄 친구들을 많이 전도해 온 학생이 유리한 시스템이었다. 과거처럼 특별 찬송이나 율동, 드라마 같은 것도 아예 하지 않았다. 그냥 전도 집회 당일에 위탄 결승전을 치렀고, 이어서 설교만 했다.

이날 새로 온 학생만 약 350명 정도 되었다. 말이 350명이지 주일 아침 9시 30분에 새신자 350명을 전도하기란 결코 쉬운 일이 아니다.

전도 축제를 하는 동안에는 교회에 처음 온 학생들이 교회에 온 느낌을 전혀 갖지 않도록 프로그램을 진행한다. 최대한 학생들과 공감대가 형성되도록 유념하며 프로그램을 재미있게 준비한다. 어떻게 해서든 교회의 문턱을 낮춰서 학생들을 교회에 데려오는 것이 목표이기 때문이다. 한 번 교회에 온 학생이 두 번 교회에 오기란 그리 어렵지 않다. 이렇게 전도축체를 치르면 주일 예배 시간에 도대체 뭐하는 것이냐는 원성을 들을 때도 많다. 하지만 천하보다 귀한 한 영혼을 얻기 위해서라면 더한 일도 할 수 있지 않느냐고 나는 오히려 반문한다.

학생 전도 축제는 학생들의 문화 코드만 잘 이해하면 쉽게 접근할 수 있다. 그리고 어느 교회나 자체적으로도 충분히 준비가 가능하고 예산을 과도하게 쓸 이유가 하나도 없다. 유명 연예인을 초청하지 않아도 충분히 학생들을 모을 수 있고, 과도한 경품을 내걸지 않아도 학생들을 전도할 수 있다. 우리 교회는 처음 교회에 온 학생들에게 문화상품권을 주는 등의 상품 남발 행위는 하지 않는다. 한 명이 아무리 많이 친구들을 전도해 와도 현찰이나 과도한 상품은 주지 않는다. 다만 많은 학생들이 한 명이라도 전도할 수 있는 분위기를 만드는 데 주력할 뿐이다.

우리 교회 청소년부 전도 축제에서 가장 중요한 것은 학생들의 자발적인 참여다. 청소년들은 홀로 해낼 수 있는 일들이 상당히 많다. 우선 포스터부터 콘테스트를 통해 학생들이 자체 제작에

- 학교 방문 때 홍보 시간을 충분히 갖는다.
- 전도 집회는 드림교회 청소년부 축제의 장이다.
- 예능보다 재미있고, 콘서트보다 더 큰 감동을 준다.
- 연예인을 특별 강사로 절대 초청하지 않는다.
- 학생들이 자발적으로 모든 프로그램의 주최가 되어 친구들을 초청한다.
- 상품이나 선물에 너무 많은 예산을 들이지 않는다.
- 전도 집회 당일에 기존 출석 학생 수의 두 배가 오는 것을 목표로 한다.

★ 드림교회 청소년부 전도 집회의 특징

들어간다. 요즘에 포토샵 정도는 기본적으로 할 줄 아는 학생들이 많다. 디자인에 대한 미적 센스가 뛰어난 학생들이 상당히 많이 있다. 학생들은 자신의 포스터가 투표에 올라가는 것만으로도 감사해한다. 교회에 후보로 붙은 포스터를 놓고 학생들이 자발적으로 선정 투표를 한다. 이것을 통해 자발적으로 많은 학생들이 전도 축제에 관심을 갖게 된다.

그리고 당일 프로그램에 대해서도 위탄 때처럼 그 장르를 최대한 넓혀 학생들이 자발적으로 참여할 수 있도록 유도한다. 학생들이 예상보다 적게 참여 신청을 한 적은 한 번도 없었다. 어떤 반은 자체적으로 영화 제작을 하기도 했다. 나중에 보니 완성도가 꽤 높았다. 어떤 컷을 찍기 위해 밤에 학교에 몰래 들어갈 정도로 열의가 높았다. 그날 학생들이 참여한 프로그램은 늘 참석한 학생들이 투표를 하고, 그 투표를 통해 우승팀을 선정한다. 개인이나 그룹이나 반으로 출전할 수 있는데, 우승팀에게는 간단한 회식비 정도가 주어진다.

학생들은 한번 전도 축제의 분위기를 타면 자발적으로 프로그램에 참여한다. 자신들이 공연하는 모습을 친구들에게 자랑하고 싶은 마음에 스스로 나서서 전도도 많이 한다. 보통 전도 축제 때는 평소 출석 수의 두 배 정도 되는 학생들이 온다. 많은 학생들이 한 번 오는 데서 그치고 말지만 그 자체를 문제 삼지는 않는다. 오히려 그 한 번의 방문이 소중하다고 나는 믿는다. 그리고 제발 다음 전도 집회 때만이라도 꼭 오길 학수고대한다. 그렇게 한두 번 교회에 오다 보면 반드시 예수님께 사로잡힐 날이 올 것을 확신한다.

이상으로 종합해 볼 때, 지금 한국 교회는 중고등부 학생들의 믿음 성장을 절대 사명으로 여겨야 한다. 그렇게 하기 위해서는 많은 변화가 필요하다. 변화 없이 현실에 안주하면 아무것도 되지 않는다.

첫째, F4 원리(재미, 음식, 축제, 미래)를 도입하여 새로운 분위기의 중고등부를 만들기 위해 노력하라. 눈에 보이는 거룩함과 과거의 관습에 얽매이지 않고 새로운 중고등부를 창조하는 데 힘쓰라.

둘째, 청소년 예배를 새롭게 디자인하라. 지금의 예배로는 안 된다. 은혜와 성령 충만이 넘치는 예배를 꿈꾸면서, 매주 학생들에게 신선한 영적 감동을 줄 수 있도록 힘쓰라. 모든 변화의 시작은 예배에서 시작된다.

셋째, 청소년부가 오랜 기간 동안 건강하게 성장하려면 훈련이 가장 중요하다. 무엇보다도 기도와 말씀이 학생들의 삶 속에서 살아 있도록 힘쓰라. 재미난 프로그램이 가끔 먹는 자장면이라면, 기도와 말씀은 매일 엄마가 해주는 밥과 같다.

넷째, 학생들 가운데서 아웃사이더를 최소화해야 한다. 일주일에 달랑 한 번 교회에 와서 출석부 도장만 찍고 가는 학생들을 교회에 늦은 시간까지 남아서 일할 수 있는 존재로 바꿔야 한다. 그동안 교회는 수많은 들러리들을 양산했다. 더 이상의 들러리는 필요 없다. 이제는 주인공만 필요할 뿐이다.

다섯째, 잘되는 청소년부는 분위기가 다르다는 것을 기억하라. 누가 봐도 재미없고 기대감 없는 분위기를 탈피하여 교회에 더 머물고 싶어 하는 분위기로 바꾸라. 일주일에 엿새는 교회에 있고 싶고, 하루만 학교에 가고 싶다는 말이 나올 정도로 즐겁고 은혜가 넘치는 분위기가 청소년부에 필요하다.

여섯째, 전도가 어렵지 않은 청소년부가 되어야 한다. 매주 새로운 영혼들이 넘쳐나는 청소년부가 되어야 한다. 학생들에게 충분히 믿음을 심어 주면, 그 다음에 열매를 맺게 될 것이다. 교역자가 학교를 찾아가 학생들을 꾸준히 만나기만 해도 학생들은 움직일 것이다. 교역자나 교사가 직접 전도하는 것보다 학생들이 직접 전도하는 편이 효과가 훨씬 크다는 점을 기억하라.

당신이 섬기는 교회 중고등부가 이러한 여섯 가지 변화를 경험할 때 학생들의 믿음은 성장하지 않을 수 없고, 중고등부 역시 반드시 성장할 것이다. 무엇보다도 사역을 하는 당신이 가장 즐거워질 것이다.

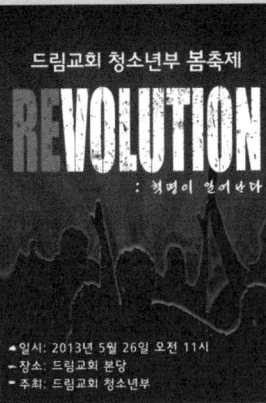

학생들의 믿음 성장은 반드시 '전도'라는 열매로 이어진다.
주님의 사랑을 실천하는 것은 결국 영혼 구원으로 이어지게 마련이다.

FAITH AND LIFE

믿음이 성장하면 청소년들의 삶은 어떻게 달라지는가? 믿음이 있는 학생과 그렇지 않은 학생의 삶은 어떤 차이가 있는가? 설문에 참여한 약 800명의 청소년들로부터 솔직한 이야기를 들어 보자.

Part 03

믿음은 과연 삶을 바꾸는가?

Chapter 01 청소년의 자아 만족도와 자존감
Chapter 02 올바른 성 윤리 의식과 이성교제
Chapter 03 미디어의 영향과 자기 절제력
Chapter 04 술과 담배라는 일탈 행위
Chapter 05 친구 관계와 사회성 문제
Chapter 06 부모와의 관계와 신앙생활
Chapter 07 학교생활에 대한 만족도

Intro

잘되는 중고등부 하면 많이 모이는 중고등부라고 흔히 생각한다. 그래서 다들 모이는 인원수에 큰 관심을 가지고 있다. 이로 인해 사역자들은 주일 예배 출석률에 대한 스트레스를 받고 있다. 심지어 새들백교회에서 18년간 청소년 사역을 한 덕 필즈 목사도 학생수 때문에 스트레스를 많이 받았다고 고백했다. 현장의 분위기가 아무리 사역을 잘하는 것처럼 보여도 수적으로 성장하지 않으면 그 열심을 인정받기 힘들다. 수적 성장에서 실패하면 꼭 사역에 실패한 듯한 느낌을 받을 수 있다.

정말로 몇 명 모이는 것이 가장 중요할까? 과연 주님이 보시기에도 오직 학생들의 수가 중요한 것일까? 나는 단순히 주일 교회의자에 앉아 있는 학생들의 수보다는 예수님에 '미쳐 있는' 학생들의 수가 더 중요하다고 본다. 다시 말하면, 우리 중고등부 안에 믿음의 세대 비율이 얼마나 되는지가 가장 중요하다는 말이다. 성경을 보아도 주님의 관점은 늘 믿음에 있었다.

사복음서를 보면 주님의 관심은 수많은 무리보다는 제자들에게 가 있었다. 왜 그럴까? 그들은 진짜였기 때문이다. 소수의 위력은 크다. 평양에 부흥운동이 일어날 때 이 땅에 크리스천은 고작 1%밖에 없었다. 하지만 한국 기독교는 사회와 민족을 선도하는 구심점이었다. 심지어 소수의 크리스천들이 평양의 주도권을 가지고 있어서 장사를 할 때 다수의 불신자들이 소수 크리스천들의 눈치를 봐야 할 정도였다.[10]

우리는 이 땅의 청소년 가운데 확실한 믿음을 가진 이가 얼마나 되는지에 초점을 맞춰야 한다. 현실의 모습은 안타깝기 짝이 없다. 갈수록 증가하는 청소년 범죄와 학교폭력이나 자살과 같은 청소년 문제들을 볼 때면 이 땅에 믿음의 세대가 그리 많아 보이지 않는다. 2004년 〈국민일보〉 기사를 보니, 크리스천 청소년들의 33%만이 예수님의 뜻대로 살고 있다고 답했다. 67%의 학생

---

10) 박용규, "겨레와 함께한 한국 교회"
　　http://www.1907revival.com/news/quickViewArticleView.html?idxno=2246.

들은 자신의 신앙과 학교생활이 전혀 일치하지 않는다고 답했다.[11] 내 박사 논문에서도 크리스쳔 학생들과 불신 학생들의 삶에 아무런 차이가 없다는 충격적인 결과가 나왔다. 이번 설문조사에서 응답한 크리스쳔 학생들의 과반수 이상(53%)은 믿음이 삶에 중요한 것이라고 답했지만, 정작 그들의 삶은 불신자들의 삶과 비교해 별 차이가 없었다.

하지만 내 논문의 결과를 볼 때, 믿음 생활을 잘하는 학생들, 이른바 믿음의 상위권 학생들은 삶에 있어서 분명한 차이가 있었다. 이것은 내 논문뿐 아니라 미국 테렌트 카운티(Tarrant County)의 상위 20% 안에 드는 학생들의 신앙과 삶을 조사한 연구에서도 같은 결과가 나왔다. 신앙에 있어 지표가 높은 학생들이 삶의 다양한 부분에서도 높은 점수를 받았다.[12] 또한 미국 노틀담대학교(University of Notre Dame)의 크리스쳔 스미스 교수(Christian Smith)의 책 「소울 서칭(Soul Searching)」에서도 같은 결과가 나왔다. 믿음 생활을 잘하는 학생들이 그렇지 못하는 학생들보다 삶의 모든 부분에서 건강했다. 특별히 스미스 교수는 이 학생들의 5년 후, 즉 그들이 성인이 된 후의 삶까지 연구했는데, 여전히 삶의 모든 영

---

11) 국민일보,
http://www.kmib.co.kr/html/kmview/2004/1231/091966137023111111.html.
12) Star Telegram, "Religion and Life"(2005년 4월 3일).

역에서 믿음의 학생들이 다른 학생들보다 앞서는 것이 확실히 증명되었다.[13]

그렇다면 충분히 답변이 될 것이다. 왜 믿음이 그렇게 중요한 것인지…. 왜 교회는 믿음의 세대를 만드는 일에 힘써야 하는가? 제대로 된 믿음의 자녀 1명이 100명의 어중이떠중이보다 낫기 때문이다. 소수지만 강력한 믿음을 가진 학생들은 세속화된 교회와 사회와 나라를 얼마든지 바꿀 수 있다. 1700년대 독일에서 열일곱 살의 니콜라스 진젠도르프(Nicolas Zinzendorf)와 그의 친구들은 학교 안에서 만든 비밀 기도모임 '겨자씨 알곡의 법칙'이 시발점이 되어 독일의 경건주의 운동을 만들어 냈고 유럽에 부흥운동을 일으켰다. 이처럼 소수지만 강력한 믿음을 가지고 있는 청소년들이 중요하다.

믿음과 삶의 상관관계는 청소년 사역에서 무엇이 가장 중요한지 정확히 보여 준다. 벌써 미국은 이 분야를 여러 번 연구하여 해답을 주었다. 그렇다면 한국의 현실 속에서는 과연 어떤 답이

---

13) Christian Smith, *Soul Searching*(New York: Oxford University Press, 2005), 259-264.

나와야 할까? 이러한 호기심을 가지고 믿음과 삶의 상관관계에 대해 연구를 해보았다. 일반 중고등학교에 재학 중인 796명의 학생이 설문에 참여했다. 믿음의 단계에 대한 연구가 필요했기에 크리스천 학생들이 불신 학생들보다 더 많이 설문에 참여했다.

학생들이 지닌 믿음의 상중하는 오직 기도 생활과 말씀 생활만 기준으로 삼았다. 기도와 말씀은 영성에서 가장 기본이고, 가장 중요한 잣대이기 때문이다.

설문에 응한 학생들 가운데 매일 기도, 말씀, 큐티 생활하는 학생들을 A급 믿음으로 임의 분류했다. 교회에 매주 출석하지만 기도, 말씀, 큐티 생활을 듬성듬성하는 학생들을 B급 믿음으로 임의 분류했다. 교회에 가끔 나오기는 하지만 기도와 말씀 생활을 거의 하지 않는 학생들을 C급 믿음으로 묶었다. 아예 교회에 나오지도 않고 기도와 말씀 생활이 전무한, 이른바 이름뿐인 크리스천 학생들을 D급 믿음으로 구분했다. 마지막으로 다른 종교를 가지고 있거나 종교가 아예 없는 학생들을 불신자 그룹으로 분류했다.

이와 같이 그룹을 분류한 것은 절대적 믿음이 척도가 아니라 기도와 말씀 생활이 중심이 된 신앙생활 모습에 따른 임의 분류다. 이 분류에 따라서 그룹별로 학생들의 삶이 어떤 차이를 보이는지 연구해 보았다.

과연 믿음의 정도에 따라서 학생들의 삶은 어떻게 다를까? 기

그룹 이름	분류 기준	설문 참여 인원
A급 믿음	교회에 빠지지 않고 매일 말씀을 읽고 기도하는 학생들	86명
B급 믿음	교회에 꾸준히 오나 말씀과 기도 생활은 가끔 하는 학생들	99명
C급 믿음	가끔 교회에 빠지며 말씀과 기도 생활을 거의 하지 않는 학생들	162명
D급 믿음	교회에 거의 오지 않지만 명목상 크리스천이라고 하는 학생들	162명
불신자 그룹	다른 종교를 갖고 있거나 종교가 아예 없는 학생들	286명

★ 믿음에 따른 청소년 구분

도와 말씀 생활을 잘하면 삶에 어떤 차이가 생길까? 또한 믿는 학생들과 믿지 않은 학생들은 어떤 차이를 갖고 있을까? 이러한 호기심 속에서 이 연구는 시작되었다.

연구의 주된 목적은 믿음에 따라서 분류한 다섯 그룹의 청소년들이 각기 어떤 삶의 모습을 보이는지 알아내는 것이다. 그래서 청소년들의 삶에서 중요하다고 생각되는 일곱 가지 영역을 선별하여 설문을 했다. 연구에 포함된 일곱 가지 영역은 자아 만족도와 자존감, 이성교제 및 성 윤리 의식, 미디어, 술 담배 문제, 친구 관계, 부모와의 관계, 학교생활 만족도다.

Chapter 01

청소년의 자아 만족도와 자존감

얼마 전에 교직에 있는 한 분이 중2 학생들 다루기가 북한 정부를 상대하는 것보다 힘들 것이라고 말했다. 오죽하면 중2병이라는 단어가 있겠는가? 1999년 일본에서 생겨난 '중2병(일본어 : 츄니뵤)'은 중학교 2학년 또래의 사춘기 청소년들이 흔히 겪는 심리적 상태를 빗댄 말이다. 사춘기에 자연스럽게 나타나는 반항과 멋부리기 성향이 중2병의 대표적인 증상이다.

특히 자아 형성 과정에서 '자신은 남과 다르다' 혹은 '남보다 우월하다'와 같은 착각에 빠져서 남을 얕잡아 보는 것을 일컫는 인터넷 속어를 뜻하기도 한다.[14] 결국 중2병은 청소년기의 큰 특징 가운데 하나인 자존감 변화와 깊은 관계가 있다. 자존감이 크게 요동치는 시기가 바로 중2 때다.

일반적으로 청소년기가 되면 자존감이 떨어진다. 자신에 대한 만족도도 가장 낮게 떨어진다. 그래서 많은 청소년들이 자기 외모에 자신 없어 한다. 특별히 자존감이 낮은 자녀들을 자꾸 다른 친구와 비교하면 자녀의 열등감은 더욱 커질 수밖에 없다.

그렇다고 해서 청소년기의 모든 학생들이 자존감이 떨어지는 것은 아니다. 학생들이 개인적으로 예수 그리스도를 영접하고 자신의 존재 가치를 새롭게 깨달을 때, 그들의 자존감은 상승한다. '나'라는 존재가 얼마나 소중한지 알았기 때문이다. 또한 집에서 부모가 자녀를 신앙으로 잘 양육하고 자녀와 긴밀한 관계를 유지할 때, 학생들의 자존감은 올라간다. 자기 자신에 대한 만족도가 높은 청소년들은 자기 정체성에 대해 확실한 해답을 갖게 된다. 그래서 바른 인생의 방향과 비전을 갖게 된다.

청소년기에 자존감의 문제는 청소년들의 미래에까지 큰 영향을 끼칠 만큼 중요한 부분이다. 약해진 자존감을 가지고 사는 청소년들은 앞으로 살아갈 인생에 대한 꿈이나 기대가 거의 없다. 열등감에 시달리고 우울증이 나타날 확률이 높다. 반대로 건강한 자존감을 가진 청소년들은 인생의 방향성과 꿈에 있어 확신이 있다. 자존감이 높은 학생들은 늘 밝은 삶의 태도를 지니고 도전적

---

14) 한겨레 신문, "어머, 너 중 2병이니?" (2011년 9월 2일).

이고 진취적이며 창조적이다. 그렇다면 과연 학생들의 믿음의 정도와 자존감은 어떤 관계가 있을까?

학생들의 자존감에 대한 질문, 즉 '나는 얼마나 가치 있고 존귀한 존재인가?'라는 질문에 학생들은 믿음에 따라서 다르게 답변했다. 매일 기도와 말씀 생활을 하는 A급 믿음의 학생들은 무려 73%가 자신을 가치 있고 존귀한 존재라고 생각했다. 자신을 가치 없게 생각하는 경우는 1%밖에 되지 않았다. 하지만 B급 믿음의 경우에는 71%, C급은 66%, D급은 56%가 자신을 가치 있고 존귀하게 여겼다. 교회를 다니지 않은 학생들은 57%만이 자신을 가치 있게 생각하고 있었다. 재미있는 사실은, 교회를 떠난 학생들의 경우 불신자 그룹과 별반 차이가 없거나 오히려 못한 결과를 보였다는 것이다.

학생들은 믿음이 커 갈수록 더 높은 자존감을 갖는다. 예수 그리스도 안에서 자신이 어떤 존재인지 확실히 알기 때문에 웬만해서는 흔들리지 않는다. 또한 말씀을 읽고 기도할 때마다 성령을 통해 끊임없이 이러한 음성을 듣는다.

"나는 특별해."
"나는 하나님의 사랑 받는 자녀야."
"나는 하나님의 특별한 목적 가운데 있어."

"하나님께서 나를 미리 선택하고 준비해서 부르셨어."
"나는 사랑받기 위해 태어난 사람이야."

믿음의 정도	매우 많이	많이	약간	거의 별로
A급 믿음	36%	37%	26%	1%
B급 믿음	29%	42%	23%	6%
C급 믿음	27%	39%	30%	4%
D급 믿음	23%	33%	29%	15%
불신자 그룹	18%	39%	39%	4%

★ 나는 얼마나 가치 있고 존귀한 존재인가?

자존감이 더 높은 학생들은 당연히 자신의 외모와 신체에 대한 만족도가 올라간다. 특히 A급 믿음의 학생들이 객관적으로 볼 때 더 잘생기지 않았음에도 불구하고 그들은 자신에 대한 만족함과 자신감이 더 많았다. 다음의 표에서 보듯이 외모에 대한 만족도는 A급 믿음(72%) 〉 B급 믿음(66%) 〉 C급 믿음(62%) 〉 D급 믿음(50%) 순이었다. 여기서도 불신자 그룹과 D급 믿음의 그룹은 별 차이를 보이지 않았다.

믿음의 정도	매우 만족	만족	불만족	매우 불만족
A급 믿음	13%	59%	22%	6%
B급 믿음	8%	58%	30%	4%
C급 믿음	7%	55%	33%	4%
D급 믿음	8%	42%	43%	7%
불신자 그룹	4%	50%	42%	4%

★ 나의 외모나 신체에 얼마나 만족하는가?

　청소년들의 자존감과 타인에 대한 인식은 연관성이 있다. 청소년들은 남들에게 잘 보이고 싶어 한다. 교복의 치마 길이를 줄이고, 화장을 하고, 쌍꺼풀 수술을 하고, 유명 브랜드를 선호하는 것도 모두 이 때문이다. 청소년 스스로가 느끼길 자신이 남들에게 잘 보이고 있다고 생각하면, 그 학생은 자존감이 높은 것이다. 자신의 외적 수준과 상관없이 자존감이 높은 청소년들은 타인의 시선을 긍정적으로 생각한다.
　설문조사 결과를 볼 때, 믿음이 좋은 학생일수록 다른 사람들이 나를 많이 사랑하는 것으로 여기고 있었다. 타인으로부터 많은 사랑을 받고 있다고 생각하는 비율을 믿음에 따라서 보면 A급 믿음(64%) 〉 B급 믿음(60%) 〉 C급 믿음(58%) 〉 D급 믿음(54%) 〉 불신자 그룹(43%) 순이었다. 특히 이 부분에서 믿음을 가지고 있는 청소년들과 불신자 청소년들 사이에 꽤 큰 차이가 났다. 불신자 그룹에서 자신이 매우 많이 사랑받고 있다고 생각하는 학생들은 겨우 1%밖에 되지 않았지만, A급 믿음에서는 21%, B급 믿음에서는 16%, C급 믿음에서는 12%, D급 믿음에서는 13%로 조사되었다.

믿음의 정도	매우 많이	많이	약간	거의 별로
A급 믿음	21%	43%	31%	5%
B급 믿음	16%	44%	33%	6%
C급 믿음	12%	46%	38%	4%
D급 믿음	13%	41%	36%	10%
불신자 그룹	1%	42%	52%	5%

★ 나는 사람들에게 얼마나 사랑과 인정을 받고 있는가?

청소년기의 낮은 자존감은 결국 우울증으로 연결된다. 사람들에게 사랑받지 못하기 때문에 자신의 외모와 성격을 탓하게 되고, 이로 인해 자신의 존재 가치를 폄하하게 된다. 우울증에 빠진 청소년은 거의 하루 종일 우울해하고, 삶에 흥미를 거의 보이지 않고, 심해지면 체중 감소, 식욕감퇴, 불면, 과수면, 삶을 무가치하게 여김 현상을 보인다. 더욱 심하면 자살까지 생각하게 된다. 실제로 우리나라 청소년들 2명 중 1명이 우울 증상을 보이고 있고, 5명 중 1명은 '우울증 위험군' 또는 '자살 생각 위험군'으로 분류되고 있다.[15]

학생들의 믿음 정도와 우울증 관계를 조사해 보았더니, 믿음이 좋을수록 우울증 증상이 적다는 결과가 나왔다. 특히 정기적으로 우울증 증상을 경험하는 학생들을 보았더니, 불신자 그룹(29%) 〉 D급 믿음(28%) 〉 C급 믿음·B급 믿음(24%) 〉 A급 믿음(19%) 순으로 나왔다. 우울증 증상이 거의 없는 경우를 보면, A급 믿음의 학생들은 무려 38%, B급 믿음의 학생들은 33%, C급 믿음의 학생들은 29%, D급 학생들은 25%에 달했다.

믿음의 정도	자주	가끔	거의 없음
A급 믿음	19%	43%	38%
B급 믿음	24%	43%	33%
C급 믿음	24%	47%	29%
D급 믿음	28%	47%	25%
불신자 그룹	29%	55%	26%

★ 얼마나 자주 우울하거나 슬퍼지는가?

자존감은 최근 사회적으로 큰 이슈가 되는 청소년 자살 문제와 연결되어 있다. 자존감이 낮은 학생들이 우울증에 걸릴 확률이 높고, 우울증이 심해지면 자살로 연결될 수 있다. 통계청 자료에 의하면, 최근 3년 동안 우리나라 청소년 사망 원인 1위는 자살이었다. 최근 10년간 무려 49%가 증가한 수치다.[16] 한국청소년정책연구원(2011년) 조사에 의하면, 최근 1년간 자살에 대해 생각해 본 청소년 비율은 전체 조사 대상자 중 23.4%에 달했다.

  이번 설문에 참여한 509명의 크리스천 청소년들 가운데서는 무려 41%가 과거에 자살을 생각해 본 적이 있다고 충격적인 답변을 했다. 또한 13%의 크리스천 청소년들은 최근 한 달 사이에 자살을 생각해 본 것으로 밝혀졌다. 자살에 대한 부분 역시 믿음과 큰 연관성을 가지고 있는 것으로 밝혀졌다. 특별히 최근에 자살을 생각해 본 적이 있느냐는 질문에, 믿음이 좋은 학생들은 믿음이 없는 학생들보다 훨씬 적은 수가 '있었다'라고 답했다. A급 믿음(7%) 〉 B급 믿음(11%) 〉 C급 믿음(14%) 〉 D급 믿음(23%) 순이었다. 믿음이 클수록 자살과 같은 극단적인 생각을 적게 하는 것은 당연한 결과다.

---

15) 연합뉴스, "중고생 5명 중 1명 자살 생각 위험군"(2010년 5월 5일).
16) 오늘의 뉴스, "청소년 사망 원인 1위 자살 … 8.8% 자살 생각해"(2012년 5월 12일).

믿음의 정도	있었다	없었다
A급 믿음	7%	93%
B급 믿음	11%	89%
C급 믿음	14%	86%
D급 믿음	23%	77%
불신자 그룹	23%	77%

★ 최근 한 달 내에 자살을 생각해 본 적이 있는가?

　　이상에서 볼 때, 청소년들의 믿음은 자존감과 큰 연관성이 있음을 알 수 있다. 교회 중고등부가 학생들의 믿음 성장에 크게 집중한다면, 학생들의 자존감은 저절로 향상될 것이다. 학생들이 굳건한 믿음 가운데 거할 때, 자신들이 누구인지 바르게 인식하게 되기 때문이다. 더 나아가 이러한 청소년들은 자신의 인생에 대한 확고한 비전과 꿈을 갖고 앞으로 나아갈 수 있다.

Chapter 02

올바른 성 윤리 의식과 이성교제

우리나라 청소년들의 47%는 이성교제 경험이 있는 것으로 나왔다.[17] 청소년 이성교제를 무조건 나쁘다고 단정 지을 수는 없다. 이성에 대한 관심은 청소년기, 특별히 후기 청소년기에 나타나는 자연스러운 현상이기 때문이다. 청소년기 초기인 중학생 나이에는 이성보다는 동성 친구에게 많은 관심을 보인다. 그러나 고등학생이 되고 고학년이 될수록 이성 친구에 대한 관심이 높아진다. 실제로 청소년들이 교회에 오는 큰 이유 가운데 하나가 이성에 대한 관심 때문이다.

---

17) 한겨레 신문, "중1·2 때 사귀기 시작"(2010년 8월 1일).

최근 우리 교회에 특정 남자 고등학교 학생들이 많이 전도되어 이들을 한 반으로 묶어 주었다. 약 두 주 정도 지나더니 이 학생들이 여학생 있는 반으로 보내 달라고 집단 항명을 했다. 재미있게도 이런 일은 매년 비슷하게 일어나고 있다. 특정 남자 고등학교에서 수많은 남학생들이 매년 새로 전도되어 오고, 매번 여학생들 있는 곳으로 보내 달라고 요청한다. 그래서 몇 달 후 새로 온 남학생들이 정착이 되었다 싶으면 모두 흐트려 여학생들 곁으로 보내 준다. 실제로 고등학생 반에서는 예쁜 여학생이나 잘생긴 남학생 있는 반이 쉽게 부흥이 되는 모습을 볼 수 있다. 그만큼 고등학생들은 이성에 대한 관심이 높다.

과거와 비교해 현대 청소년들은 확실히 이성교제에 열려 있는 듯하다. 우리 교회 학생들도 절반 정도가 이성교제를 한 경험이 있는 것으로 알고 있다. 특별히 믿음이 많고 적고를 떠나 거의 비슷한 비율로 이성교제를 하는 것으로 나타났다.

이번 설문에 동참한 크리스천 학생들의 약 54%는 이성교제 경험이 있는 것으로 나왔다. 이성교제 자체와 믿음의 연관성은 찾아볼 수 없었다. 하지만 이성교제 시작 시기와 믿음은 상관관계가 있었다. 믿음이 적을수록 이성교제를 빨리 시작했고, 믿음이 많을수록 이성교제를 늦게 시작했다.

이것이 시사하는 바를 잘 알 필요가 있다. 미국의 유명한 발달

심리학자인 존 산트락(John Santrock) 교수에 의하면, 청소년들 가운데 빠른 성장을 보이는 '조숙한 학생들'이 이성교제를 하는 경우가 더 많고, 더 빨리 성적으로 타락했다.[18] 아무런 공적 교육이 제공되지 않은 상태에서 시작된 조기 이성교제가 청소년들 삶에 긍정적인 영향을 줄 리 만무하다.

　설문조사에 의하면, 청소년들의 절반 이상은 초등학교 때부터 이성교제를 한 것으로 보인다. 중2 이전에 이성교제를 한 비율을 보면, A급 믿음(67%) 〉 B급 믿음(71%) 〉 C급 믿음(74%) 〉 D급 믿음(77%) 순으로 나와 있다. 믿음이 좋은 학생들이 좀 더 늦게 이성교제를 했다. 이것은 좀 더 성숙한 다음에 이성교제를 했다는 뜻이다. 특별히 고등학교 이후에 이성교제를 한 경우를 보면, A급 믿음(10%) 〉 B급 믿음 · C급 믿음(3%) 〉 D급 믿음(2%) 순으로 나왔다. 믿음의 정도에 따라 이성친구를 사귀는 시기가 큰 차이를 보였다.

---

18) John W. Santlock, *Adolescence*(Boston: Mc Graw Hill, 2003), 92.

믿음의 정도	초등학교 때	중1 때	중2 때	중3 때	고등학교 때
A급 믿음	48%	19%	7%	16%	10%
B급 믿음	47%	24%	11%	15%	3%
C급 믿음	52%	22%	9%	14%	3%
D급 믿음	66%	11%	13%	8%	2%
불신자 그룹	61%	12%	11%	12%	4%

★ 몇 학년 때부터 이성 친구를 사귀어 보았는가?

청소년들의 이성교제 자체보다 더 중요한 것은 성 의식이다. 청소년기는 가치관과 세계관이 형성되는 시기인데, 이때 어떤 교육을 받느냐에 따라 그들의 가치관과 의식이 완전히 달라질 수 있다. 특별히 청소년들은 올바른 성 의식을 가지고 있어야 건전한 이성교제가 가능하고, 이를 토대로 건전한 결혼생활까지 할 수 있다.

안타깝게도 우리나라 크리스천 청소년들과 청년들의 성 의식과 가치관은 불신자들과 큰 차이가 없는 것으로 밝혀졌다.[19] 이러

---

19) 기독신문, "기독·비기독 학생 의식 차이 없다"(2010년 3월 2일).

한 현상은 결국 청소년들의 믿음 문제로 볼 수 있다. 궁극적으로는 교회교육에 문제가 있다. 교회가 제대로 가르치지 못했기 때문에 학생들이 성경적 세계관을 갖지 못한 것이다.

학생들이 온전한 믿음을 갖게 되면 확실히 생각하는 것이 달라진다. 성경에서 이성의 유혹에 끝까지 넘어가지 않았던 요셉의 경우는, 결국 믿음의 승리였다. "내가 어찌 이 큰 악을 행하여 하나님께 죄를 지으리이까"(창 39:9). 요셉이 성적 유혹을 이겨낸 것은 오직 하나님 중심의 철저한 신앙 덕분이었다. 요셉은 어떤 상황 속에서도 오직 하나님만 인식하는 믿음을 갖고 있었다. 교회에서도 기도와 말씀을 통해 학생들에게 철저한 하나님 중심의 신앙을 심어 준다면, 제2의 요셉과 같은 학생들이 얼마든지 나올 것이다.

혼전 순결에 대한 설문조사를 했는데, 기본적으로 믿음이 있는 학생들은 80% 이상이 혼전 성경험에 반대하는 입장을 표했다. 특별히 믿음이 좋을수록 이에 대한 믿음은 확고했다. A급 믿음(95%) 〉 B급 믿음 · C급 믿음(80%) 〉 D급 믿음(60%) 순이었다. 한편 교회에 거의 출석하지 않고 믿음이 없다시피한 학생들(60%)은 불신자 그룹(63%)과 성 의식에 있어서 별 차이가 없었다.

믿음의 정도	동의한다	동의하지 않는다
A급 믿음	95%	5%
B급 믿음	80%	20%
C급 믿음	80%	20%
D급 믿음	60%	40%
불신자 그룹	63%	37%

★ '성관계는 결혼하기 전까지 할 수 없다'는 말에 동의하는가?

　　현재 우리나라 청소년들의 성 의식은 큰 문제 가운데 있다. 청소년들의 80%는 인터넷 음란물을 통해 성 지식을 습득하고 있고, 대부분의 성 지식은 포털 사이트 댓글을 통해 얻고 있는 현실이다.[20] 이런 곡해된 성 의식으로 인해, 고등학교 3학년 남학생이 투신 자살해 쓰러져 있는 60대 여성의 시신에 성행위를 하는 끔찍한 일까지 일어났는지도 모른다. 우리나라 청소년들의 3분의 1은 조건만 맞으면 성매매에도 응할 수 있다고 답하고 있다.[21] 또

---

20) 메디컬 투데이, "청소년 성교육 인터넷에서 댓글 보고 배워요"(2011년 2월 13일).
21) 문화일보, "청소년 3명 중 1명 성매매 제의 수용할 수도"(2010년 10월 27일).

한 청소년들의 56%가 동거에 찬성하는 것으로 밝혔다. 더 심각한 것은 1년에 가출하는 청소년들이 20만 명인데, 여학생들의 40%가 누군가와 성관계를 하게 되고, 25%의 여학생은 성매매까지도 하는 것으로 나왔다.[22] 청소년들에게 제대로 된 성교육이 전혀 이뤄지고 있지 않음을 보여 주는 결과다. 학교와 가정에서 배웠어야 할 성 의식을 그들은 전혀 갖지 못한 것이다.

이런 이유로 나는 학생들에게 1년에 한 차례는 반드시 성과 이성교제에 대한 설교를 한다. 짧게는 4주, 길게는 7주 정도 시리즈로 설교를 구성한다. 매번 크게 히트하는 설교 시리즈다. 학생들이 알아야 할 성에 대한 상식과 관련 문제를 성경으로 풀어 가는 데 반응이 아주 좋다. 거의 비슷한 레퍼토리로 설교가 진행됨에도 불구하고 매번 열광적인 반응을 보인다.

작년에는 이런 일도 있었다. 한 고등학생은 야한 동영상(이하 야동)을 보는 것에 대해 아무런 문제의식이 없었다. 그래서 학교에서나 집에서나 스마트폰으로 야동을 즐겨 보았다. 심각한 것은 그의 부모도 이런 일을 방관했고, 심지어 아버지는 아들과 같이 야동을 보기도 했다고 한다. 그런데 이 학생이 우리 교회에 처음 나온 날, 마침 이성교제 시리즈 설교 중에서도 특별히 포르노를

---

22) MBC 뉴스, "현장M출동 가출청소년 20만… '성매매 사각지대'" (2012년 9월 23일).

주제로 한 설교를 듣게 되었다. 나는 야동을 본 청소년과 그렇지 않은 청소년의 행동이 어떻게 달라지는지 영상으로 보여 주고, 그 심각성에 대해 얘기했다. 마지막에는 성경 말씀을 통해 그 이유를 확실하게 설명했다. 그날 우리 교회에 처음 온 그 남학생은 큰 충격을 받았다. 그동안 야동을 즐겨 보던 자신의 행동이 얼마나 잘못된 것인지 깨닫고 그날 이후로 야동을 끊었다. 야동의 '야' 자도 꺼내지 않았다. 설교 마지막에 들은 말씀 때문이었다. "야동(음행)은 그 이름조차도 부르지 말라"(엡 5:3).

감수성이 예민한 청소년들이 제대로 된 신앙과 믿음을 받아들이면 반드시 바른 성 의식을 갖게 되어 있다. 이것이야말로 교회가 우리 청소년들에게 반드시 해줘야 할 일 가운데 하나라고 나는 믿는다.

Chapter 03

미디어의 영향과 자기 절제력

21세기 청소년들의 삶에 가장 큰 영향력을 끼치는 존재는 미디어다. 심지어 기독교 중심의 서구 사회조차도 미디어에 모든 자리를 빼앗겼다. 이제는 부모도 학교도 교회도, 심지어 친구조차 미디어를 이기지 못하고 있다. 미국의 경우 청소년들이 하루에 미디어에 빼앗기는 시간이 평균 6시간 30분으로 나와 있다. 이것은 최근처럼 스마트폰이 보편화되기 전의 자료이므로 학생들은 지금 훨씬 더 많은 시간을 미디어와 함께 보내고 있을 것이다.

문제는 미디어가 청소년들의 삶에 긍정적인 효과를 별로 주지 못하고 주로 부정적인 영향을 끼친다는 것이다. 그래서 시간이 지날수록 우리는 자녀들을 미디어에 빼앗기고 마는 꼴이 되고 있다. 과연 믿음과 미디어는 어떤 연관성을 가지고 있을까?

우리나라 청소년들은 하루 평균 1시간 25분간 TV를 시청하는 것으로 나와 있다.[23] 청소년들의 TV 시청 문제는 즐겨 보는 프로그램과 연관이 있다. 많은 청소년들이 EBS 등의 교육 프로그램이 아니라 드라마나 쇼 프로그램을 즐겨 보고 있다. 더욱이 최근 TV 프로그램의 내용은 아주 선정적이고 폭력적인 것으로 나와 있다. 미국의 경우 전체 TV 프로그램 내용 중에 75%가 폭력적인 내용을 담고 있고, 70%의 프로그램이 성적인 내용을 담고 있다.[24] 이러한 현실 속에서 학생들이 TV를 통해 선한 영향력을 받기란 어려운 일이다.

믿음이 좋은 A급 믿음의 학생들은 무려 53%가 'TV를 거의 보지 않는다'고 답했고, 하루 1시간 이상 보는 학생들도 25%밖에 되지 않았다. 반면에 B급 믿음의 학생들은 34%만이 TV를 거의 보지 않고, C급은 37%, D급은 26%만이 TV를 거의 보지 않는다고 답했다. 반면에 D급 믿음의 학생들은 48%가 '하루에 최소 1시간 이상씩 TV를 보고 있다'고 답했다.

청소년 미디어에 있어서 TV보다 심각한 것은 인터넷 사용이다. 특히 인터넷은 중독과 연관되어 있기 때문이다. 부모들과 상

---

23) 헤럴드 생생, "올해 하루 평균 7시간 48분 TV 봤다"(2011년 12년 30일).
24) Walter Mueller, *Understanding Today Youth Culture*(Wheaton: Tyndale, 1999), 142.

믿음의 정도	거의 보지 않는다	최소 1시간 이상 본다
A급 믿음	53%	25%
B급 믿음	34%	40%
C급 믿음	37%	44%
D급 믿음	26%	48%
불신자 그룹	33%	42%

★ 하루 평균 TV를 보는 시간은?

담하다 보면, 자녀들의 인터넷 게임 중독 문제 때문에 고민하는 부모가 의외로 많다. 실제로 우리나라 청소년들의 게임 시간은 OECD 국가에서 압도적으로 1위를 달리고 있다. 다른 나라보다 적게는 2배, 많게는 8배까지 차이를 보이고 있다.[25] 우리나라 청소년들 100만 명이 인터넷 중독 증상이라는 충격적인 데이터 결과도 있다. 이것은 전체 청소년의 14%에 해당하는 수치다.[26] 또한 학생들은 인터넷을 통해 게임과 포르노에 심각할 정도로 노출

---

25) 아시아 투데이, "게임시간 세계 1위"(2012년 2월 18일).
26) 조선일보, "인터넷 중독으로 멍드는 아이들"(2010년 1월 26일).

되고 있다. 이런 상황에서 학생들을 보호할 수 있는 방법은 믿음 밖에 없음을 데이터는 말해 주고 있다.

학생들의 믿음 정도는 컴퓨터를 하는 시간과 연관이 있었다. 하루에 아주 적은 시간인 30분 이하로 컴퓨터를 하는 학생들을 보면, A급 믿음의 학생들이 67%로 가장 많았다. B급 믿음이 58%, C급 믿음이 48%, D급 믿음이 47%로 밝혀졌고, 불신자 그룹은 C급 믿음 및 D급 믿음과 큰 차이 없는 49%로 나왔다. 컴퓨터를 하루에 1시간 이상 하는 학생들의 비율은 A급 믿음 18%, B급 믿음·C급 믿음 24%, D급 믿음 29%, 불신자 그룹 31%로 나왔다. 특별히 A급 믿음의 학생들의 경우 인터넷 중독 수준은 1%밖에 되지 않았다.

믿음의 정도	30분 이하	최소 1시간 이상
A급 믿음	67%	18%
B급 믿음	58%	24%
C급 믿음	48%	24%
D급 믿음	47%	29%
불신자 그룹	49%	31%

★ 하루에 컴퓨터(인터넷, 게임)를 하는 평균 시간은?

인터넷의 발달로 인해 청소년들은 쉽게 음란물을 접하게 되었다. 우리나라 청소년들의 80%가 음란물을 접한 경험이 있다고 답했다.[27] 음란물을 접한 청소년들은 처음에는 큰 충격을 받지만, 반복해서 보다 보면 학년이 올라갈수록 모방하고 싶은 심리를 느낀다고 했다. 청소년들은 학교에서도 음란물에서 본 행위를 따라 하고 있으며, 심지어 초등학생들도 모방 행위를 하고 있다는 충격적인 보고가 있다. 성범죄를 저지른 중학생들에게 범죄 동기를 물어보면, 야동을 본 후 따라하고 싶었다는 고백을 꽤 듣게 된다.

과연 청소년들의 믿음의 정도와 음란물을 접한 빈도 사이에는 어떤 관계가 있을까?

이번 설문에 응한 학생들은 절반 이상이 음란물을 본 적이 없다고 답변했다. 그중에서 A급 믿음의 학생들이 가장 적게 음란물을 접한 것으로 나왔다. 각 그룹별로 음란물을 접한 빈도를 볼 때, 한 번도 음란물을 본 적이 없는 학생들은 A급 믿음(62%) 〉 B급 믿음(52%) 〉 C급 믿음 · D급 믿음(55%) 〉 불신자 그룹(49%) 순으로 나왔다. 음란물을 거의 매일 정기적으로 보는 학생들에 있어서도 불신자 그룹(12%) 〉 C급 믿음 · D급 믿음(7%) 〉 B급 믿음(6%) 〉 A급 믿음(2%)으로 비슷한 결과가 나왔다.

---

27) 연합뉴스, "청소년 80%, 인터넷 음란물 경험" (2010년 10월 25일).

믿음의 정도	본 적 없다	간혹 본다	자주 본다
A급 믿음	62%	36%	2%
B급 믿음	52%	42%	6%
C급 믿음	55%	38%	7%
D급 믿음	55%	38%	7%
불신자 그룹	49%	39%	12%

★ 야동을 얼마나 자주 보았는가?

불과 얼마 전까지만 해도 청소년 미디어 문제를 이야기하면, 인터넷과 컴퓨터가 가장 먼저 등장했는데, 최근에는 스마트폰을 중심으로 한 휴대폰이 더 먼저 떠오른다. 우리나라 청소년들의 휴대폰 보급률은 90%를 넘어섰고, 스마트폰 보급률도 80%를 넘어섰다.[28] 스마트폰은 청소년들에게 게임, 음악, SNS, 드라마, 영화 등 모든 미디어를 포괄적으로 서비스해 주고 있다. 스마트폰은 컴퓨터보다 사용에 있어 훨씬 용이하기에 더 빨리 중독의

---

28) 여성신문, "청소년 20%, 스마트폰으로 음란물 유통"(2013년 4월 11일).

믿음의 정도	2시간 이하	2-4시간	4시간 이상
A급 믿음	64%	30%	6%
B급 믿음	71%	22%	7%
C급 믿음	68%	19%	13%
D급 믿음	65%	22%	13%
불신자 그룹	71%	17%	12%

★ 하루에 스마트폰을 사용하는 평균 시간은?

위험이 찾아올 수 있다. 현재 청소년들의 11.4%가 스마트폰 중독에 빠져 있는데, 일반인들이 하루에 평균 3시간 스마트폰을 사용하는 것과 비교해 볼 때, 중독 학생들은 무려 5시간이나 더 많은 8시간을 스마트폰과 함께 보내고 있다.[29]

믿음의 정도와 스마트폰 사용 시간에는 큰 차이가 없는 것으로 나타났다. 그러나 스마트폰 중독 위험 수위인 4시간 이상 사용한 경우를 볼 때, 믿음의 정도와 연관성이 있었다. A급 믿음이 6%

---

29) 주간동아, "스마트폰 중독 비상! 아이들 뇌가 죽어간다"(2013년 2월 12일).

로 가장 작게 나왔고, 다음으로 B급 믿음 7%, C급 믿음과 D급 믿음이 13%로 가장 높게 나왔다.

    미디어 자체를 악한 것이라고 할 수는 없지만, 미디어에는 감수성이 예민한 청소년들에게 유해한 요소가 너무나 많이 있다. 그리고 절제력이 약한 청소년들은 쉽게 미디어 중독 현상을 겪는다. 그런 청소년들에게 이길 능력과 힘을 주는 것이 믿음과 신앙이다. 실제로 열심히 신앙생활을 하는 학생들도 그렇지 않은 친구들과 동일하게 미디어에 노출되어 있기는 하지만 그 시간은 훨씬 적다. 이것은 믿음이 있는 학생들이 자기 절제를 더 잘하고 있다는 사실을 보여 준다. 또한 경건생활을 꾸준히 한 학생들이 그렇지 않은 친구들보다 미디어를 통해 겪는 폐해가 적은 것으로 나타났다.

Chapter 04

술과 담배라는 일탈 행위

2011년 통계청 자료에 의하면, 대한민국 청소년 2명 중 1명은 음주를 하고 있고, 10명 중 1명은 흡연을 하고 있는 것으로 나타났다. 술과 담배를 최초로 접한 연령은 13세가량으로 나오고 있다. 청소년들의 음주 이유는 어른의 권유가 37%, 호기심이 27%로 나타났다. 흡연 이유는 호기심이 47%로 압도적으로 높았다.[30] 술과 담배가 미성년자인 청소년들의 건강과 정서에 매우 좋지 않음에도 불구하고 많은 학생들이 이런 일탈 행위 가운데 있다. 과

---

30) 여성가족부 블로그, "청소년 음주·흡연, 유아기 조기예방교육이 중요" http://blog.daum.net/moge-family/4680.

믿음의 정도	없음	호기심에 몇 번	가끔	정기적으로
A급 믿음	72%	23%	4%	1%
B급 믿음	62%	26%	11%	1%
C급 믿음	60%	26%	12%	2%
D급 믿음	66%	19%	13%	2%
불신자 그룹	63%	21%	13%	3%

★ 술을 얼마나 자주 마시는가?

연 크리스천 학생들은 어떠한가? 특별히 믿음이 좋은 학생들과 그렇지 않은 학생들 사이에는 어떤 차이가 있을까?

교회 다니는 학생들에게 물어보면 술을 마셔 본 적이 있다고 대답하는 학생이 꽤 많다. 특히 수학여행 때 많은 학생들이 대놓고 술을 마신다는 얘기를 들었다. 예전에 한 학생은 교회 오빠들이 무섭다는 말을 했다. 이유를 물어 봤더니, 예배 끝나고 나가면서 길가에서 담배 피우는 모습을 봤다는 것이다. 교회 청소년들 가운데서도 술, 담배를 하는 이들이 제법 있을 것으로 생각된다.

이번 설문조사에서는 A급 믿음의 학생들이 술을 마셔 본 빈도가 28%로 가장 적었다. 하지만 B급, C급, D급은 순차적이지 않

믿음의 정도	없음	호기심에 몇 번	아주 가끔	매주 몇 번씩	매일
A급 믿음	94%	4%	1%	1%	0%
B급 믿음	85%	6%	4%	2%	3%
C급 믿음	82%	8%	6%	0%	4%
D급 믿음	79%	9%	7%	1%	4%
불신자 그룹	87%	6%	3%	0%	4%

★ 담배를 얼마나 자주 피우는가?

았다. 우리 사회가 술에 상당히 관대한 편인 데다가 믿음이 아주 좋은 사람을 제외하고는 음주 문제를 가볍게 생각하는 경향이 있는 것 같다. 담배의 경우에는 믿음의 정도에 따라 흡연 빈도에 차이를 보였다. 한 번도 피운 적이 없다는 답변은 A급 믿음(94%) 〉 B급 믿음(85%) 〉 C급 믿음(82%) 〉 D급 믿음(79%) 순으로 나왔다.

술과 담배는 성장이 덜된 청소년의 뇌 세포를 파괴하고 기억력 감소를 일으키는 등 부정적인 영향이 가득하다. 그럼에도 청소년의 음주, 흡연율의 수치는 줄어들지 않고 있다. 청소년들을 술과 담배에서 멀리하게 하는 요소도 믿음이다. 기도와 말씀이 들어갈 때 청소년들은 확실히 일탈 행위를 중단하게 된다.

Chapter 05

친구 관계와
사회성 문제

청소년기의 가장 큰 특징 가운데 하나는 친구 관계가 상당히 증대된다는 것이다. 삶에서 중요한 비중을 차지하는 사람이 누구인가를 보면, 정확히 중학교 1학년을 기점으로 부모에서 친구로 바뀐다. 중학생 이후로는 부모보다 친구들에게 더 큰 영향을 받는 것이다.

미국의 통계를 보면, 청소년들은 부모와는 하루 평균 28분을 보내면서 친구와는 132분을 보내고 있다.[31] 이번 설문조사에서 우리 청소년들은 부모와 하루 평균 66분을, 친구와는 192분을 보내는 것으로 나타났다.

---

31) Santrock, 362.

최근의 여러 통계 자료를 종합해 보면, 청소년들은 친구와 함께 보내는 시간이 부모와 함께 보내는 시간보다 3-4배 정도 많았다. 이런 결과에서 보듯이 청소년의 삶에서 친구는 무척 중요한 존재다. 청소년기에 어떤 친구를 사귀느냐에 따라 한 청소년의 인생이 좌우될 수 있다. 또한 청소년의 친구 관계는 이후 사회성 형성과 직접적인 연관이 있다.

  과거 대가족 사회에서는 가정을 통해 사회성이 형성되었는데, 지금은 한 가정 당 자녀가 한두 명밖에 되지 않아 가정을 통해 사회성이 형성되는 것은 예전보다 힘들다고 봐야 한다. 학생들을 상담하다 보면, 사회성이 더딘 학생들이 과거보다 꽤 많아진 느낌이다. 더욱이 요즘은 미디어가 발달해 집 밖에 나가지 않더라도 혼자서 충분히 재미있는 시간을 보낼 여지가 많아 청소년들의 사회성 발달이 더더욱 어려운 실정이다.

  건전한 사회성 형성에 어려움을 겪는 청소년들에게 믿음은 사회성 성장에 충분한 도움을 준다. 이번 설문에서는 학생들의 사회성 자체에 대해서는 묻지 않았고, 친구 수에 대해서만 물었다. 그 결과 믿음이 좋은 학생들이 믿음이 없는 학생들보다 훨씬 더 친구가 많은 것으로 나타났다.

  학교에서 친한 친구가 10명 이상 있는 학생들의 비율을 보니 A급 믿음(91%) 〉 B급 믿음(80%) 〉 C급 믿음(78%) 〉 D급 믿음(75%) 〉 불신자 그룹(73%) 순으로 나타났다. 믿음이 있는 학생들이 친구

믿음의 정도	학교에서 친한 친구가 10명 이상이다
A급 믿음	91%
B급 믿음	80%
C급 믿음	78%
D급 믿음	75%
불신자 그룹	73%

★ 학교에서 친한 친구가 10명 이상인 사람은?

관계에서 마음이 훨씬 더 열려 있어 많은 친구들과 어울리고 있었다. 나는 논문에서 이 부분을 조금 더 깊게 연구했다. 결과를 보니 학생들의 친구 관계와 믿음의 상관관계가 나타났다. 특별히 믿음이 좋은 학생들일 경우 친구 관계가 다른 학생들보다 훨씬 원만한 것으로 나타났다.

미국의 자료를 보면, 청소년들의 믿음과 사회성의 관계가 좀 더 자세히 나와 있다. 믿음이 좋은 학생들은 부모를 제외한 성인 8.4명과 친분 관계를 유지하고 있었고, 믿음이 약한 학생들은 5명 이하의 성인들과 친분 관계를 유지했다. 또한 믿음이 좋은 학생들은 평균 성인 7.3명으로부터 삶에 필요한 조언과 충고를 받

는 반면에, 믿음이 비교적 약한 학생들은 성인 4명으로부터만 선한 영향력을 받는 것으로 나왔다.[32]

청소년의 신앙이 사회성 형성에까지 영향을 미치고 있음을 보여 주는 대목이다.

---

[32] Smith, 226.

Chapter 06

부모와의 관계와 신앙생활

일찍이 청소년들의 신앙과 부모와의 관계는 중요하게 다루는 부분이다. 청소년들 가운데 부모와 건전한 관계에 있는 학생들이 믿음 생활을 잘하는 것으로 나타나고 있다. 부모가 교회에 다니는 학생들은 교회에서 크게 두 가지 부류로 나뉜다. 하나는 부모처럼 열심히 신앙생활하는 학생들이고, 또 하나는 신앙생활을 잘하며 봉사도 열심히 하는 부모와는 달리 교회에 아예 출석하지 않는 학생들이다.

두 경우의 차이는 다른 데 있지 않고 부모와의 관계에 있다. 부모와 긴밀한 관계를 유지하는 학생들은 대부분이 부모를 따라 믿음 생활을 잘했고, 부모와 관계가 좋지 않은 학생들은 부모의 신앙과는 다른 길로 가는 경우가 꽤 많았다.

교회에서 믿음이 좋은 학생들을 보면, 가정이 안정되어 있는 경우가 많다. 특별히 부모와 대화하는 시간도 긴 것으로 나타났다. 이번 설문에서는 부모와 대화하는 하루 평균 시간이 66분으로 나타났다. 믿음이 좋은 학생들은 부모와 대화하는 시간이 평균 시간보다 길었다. 믿음에 따른 부모와의 대화 시간은 A급 믿음(71.2분) 〉 B급 믿음(66.8분) 〉 C급 믿음(63.7분) 〉 D급 믿음(56.2분) 순으로 나왔다.

믿음의 정도	대화 시간
A급 믿음	71.2분
B급 믿음	66.8분
C급 믿음	63.7분
D급 믿음	56.2분
불신자 그룹	61.2분

★ 하루에 부모와 함께 대화하는 시간은?

또한 부모와의 관계에서 꼭 점검해 봐야 할 요소가 식구가 다 함께 식사하는 시간이다. 부모-자녀 관계가 좋은 가정은 온 가족

믿음의 정도	10회 이상	5-9회	4회 이하
A급 믿음	39%	24%	37%
B급 믿음	38%	25%	37%
C급 믿음	36%	23%	41%
D급 믿음	25%	31%	44%
불신자 그룹	35%	23%	42%

★ 일주일에 부모와 함께 식사하는 횟수는?

이 모여 함께 식사하는 시간이 많다. 미국의 경우, 신앙심이 좋은 모범 청소년들의 93%가 일주일에 5.7회 정도 온 가족이 모여 함께 식사를 하는 것으로 나타났다.

이번 조사에서 믿음의 정도와 부모와 함께 식사하는 횟수는 어떤 연관이 있을까? 하루 세 끼를 기준으로, 주 10회 이상 부모와 식사하는 경우는 A급 믿음(39%) 〉 B급 믿음(38%) 〉 C급 믿음(36%) 〉 D급 믿음(25%) 순으로 나타났다. 일주일에 4회 이하로 부모와 식사하는 경우는 D급 믿음(44%) 〉 C급 믿음(41%) 〉 A급 믿음 · B급 믿음(37%) 순이었다.

청소년기가 되면 부모와 자녀들 간의 친밀도가 떨어지기 시작

믿음의 정도	아빠와의 친밀도	엄마와의 친밀도
A급 믿음	8.1점	8.8점
B급 믿음	7.6점	8.6점
C급 믿음	7.5점	8.4점
D급 믿음	7.5점	8.4점
불신자 그룹	7.9점	8.1점

★ 나와 아빠/엄마와의 친밀도는?(10점 만점)

한다. 아빠와 엄마 중에서는 그래도 엄마와 친밀도가 더 높은 편이다. 부모와 청소년 자녀 사이의 친밀도를 보면, 엄마와 딸이 가장 높고, 엄마와 아들이 두 번째, 아빠와 딸이 세 번째, 아빠와 아들이 네 번째다. 부모와 청소년 자녀 사이의 친밀도가 떨어지는 이 시기에 믿음이 있는 청소년들은 부모와의 친밀도가 여전히 높게 나왔다. 이것은 믿음과 부모와의 친밀도가 연관이 있음을 보여 주는 결과다. 이번 조사에서는 아빠와의 친밀도가 A급 믿음(8.1%) 〉 B급 믿음(7.6%) 〉 C급 믿음 · D급 믿음(7.5%) 순으로 나타났다. 엄마와의 친밀도는 A급 믿음(8.8%) 〉 B급 믿음(8.6%) 〉 C급 믿음 · D급 믿음(8.4%) 순이었다.

많은 청소년들이 부모와 대화하기를 기피하고 있는데, 믿음의 정도와 부모와 중요한 문제를 상담하는 비율의 상관관계에 있어 흥미로운 결과가 나왔다. 알다시피 청소년들은 삶의 중요한 문제에 대해 부모보다는 친구와 대화하기를 원한다. 그러나 믿음이 좋은 청소년들 가운데 꽤 많은 학생들이 부모와 상담하고 있는 것으로 나타났다. 삶의 중요한 문제를 부모와 상담하는 비율을 보면, A급 믿음(42%)과 B급 믿음(35%)이 가장 높았다. 일반적으로 청소년들이 친구에게 많은 영향력을 받고 있는데, 믿음이 좋은 친구들은 그나마 친구들의 영향을 덜 받는 것으로 나타났다.

믿음의 정도	친구	부모	기타
A급 믿음	55%	42%	3%
B급 믿음	55%	35%	10%
C급 믿음	60%	32%	8%
D급 믿음	60%	33%	7%
불신자 그룹	59%	33%	8%

★ 주로 누구와 중요한 문제를 상담하는가?

Chapter 07

학교생활에 대한 만족도

우리나라 청소년들은 74%가 스트레스를 받고 있고, 스트레스를 받는 대부분의 이유가 공부를 비롯한 학교생활에 있다. 특별히 학교와 공부에 대한 스트레스가 심해 청소년들은 어른들보다 무려 2배가 넘는 화병을 안고 살아간다.[33] 통계청 자료를 보면, 대한민국 청소년들 가운데 약 40%만이 학교생활에 만족하는 것으로 나타났다.

이번 설문조사에 참여한 청소년들은 평균 50% 이상이 학교에서 공부하는 것에 만족하는 것으로 나왔다. 신앙의 정도에 따라

---

33) 세계일보, "화병에 시달리는 고교생들"(2011년 7월 14일).

서 그 만족도는 차이를 보인다. A급 믿음의 학생들 가운데 9%가 학교 공부에 '매우 만족한다'고 대답하여 가장 높은 비율을 보였다. 또한 '매우 불만족한다'는 대답도 7%로 가장 낮은 비율을 보였다. 학교 공부에 대한 전반적인 만족도는 A급 믿음(52%) 〉 B급 믿음(50%) 〉 C급 믿음 · D급 믿음(47%) 순으로 나타났다. 믿음이 좋은 학생일수록 학교 생활과 공부에 대해 긍정적으로 생각하는 것으로 보인다.

믿음의 정도	매우 만족	만족	불만족	매우 불만족
A급 믿음	9%	43%	41%	7%
B급 믿음	8%	42%	40%	10%
C급 믿음	6%	41%	39%	14%
D급 믿음	6%	41%	30%	23%
불신자 그룹	5%	45%	37%	13%

★ 학교 공부에 얼마나 만족하고 있는가?

이번 설문에 응한 학생들 가운데서 실제로 성적이 상위 20% 안에 드는 비율이 A급 믿음의 학생들이 28%로 가장 높았다. 반대로 D급 믿음의 학생들은 상위 20%가 12%밖에 없었다. 라이즈업무브먼트 컨퍼런스(Rise Up Movement Conference)에서도 비슷한 이야기를 했다. 믿음이 올라갈수록 학생들이 삶의 목적을 찾기 때문에 더욱 공부에 집중한다는 것이다. 실제로 매일 2시간씩 기도하는 학생들이 "공부가 가장 쉬웠어요"라고 답했다고 한다.

지금까지 청소년의 믿음과 삶이 어떻게 연관되어 있는지 설문조사 결과를 토대로 살펴보았다. 비록 청소년의 삶의 모든 영역을 상세히 들여다보는 데는 한계가 있었지만, 어느 정도는 그들의 믿음과 삶의 관계성 연구에 도움이 되었을 것이다. 이번 설문조사나 미국의 그간 연구 자료는 같은 내용을 말하고 있다.

"청소년의 믿음과 삶은 연관성을 갖고 있다."

청소년들은 믿음이 좋을수록 건전한 삶을 유지하고 있었다. 오늘날 대한민국 청소년들의 삶을 얘기할 때면 부정적인 부분부터 언급하기 쉬운데, 그만큼 우리 청소년들이 영적으로 선한 영향을 받지 못하고 있다는 뜻이다.
그래서 나는 다음과 같은 결론을 내리고 싶다.

첫째, 청소년 사역의 핵심은 '청소년 믿음 성장'에 있다. 청소년 사역자들과 교사들은 다른 것이 아닌 오직 청소년들의 믿음 성장에 관심을 가져야 한다. 청소년들의 믿음 문제만 해결이 된다면 부수적인 다른 문제들을 해결하기 무척 쉬워질 것이다. 그러므로 아직까지 교회 중고등부가 학생들의 기도와 말씀 훈련이 아닌 다른 프로그램에 집중하고 있다면 당장 노선을 바꿔야 한다. 청소년들의 믿음을 성장시켰느냐 못 했느냐가 곧 청소년 사역의 성공 여부를 판가름할 것이다.

둘째, 청소년들의 믿음을 잘 키운다면 한국 교회의 미래에 희망이 생길 것이다. 향후 한국 교회에 대한 전망은 결코 좋지 못하다. 다음세대를 준비하는 일에 실패해서 앞으로 20-30년 후에 문 닫을 교회가 다수라는 전망이 있다. 하지만 교회가 지금부터라도 청소년 사역에 관심을 갖고, 청소년들의 믿음 성장에 집중한다면 대한민국 교회 전체가 살아날 수 있다.

교회의 부흥기를 보면, 늘 청소년 사역의 황금기였다. 꼭 다수의 청소년들이 있지 않더라도 우리는 한국 교회의 희망을 노래할 수 있다. 전쟁에서 꼭 수가 많은 편이 이기는 게 아니듯, 이 땅의 청소년들 가운데 믿음으로 강력하게 무장된 영적 정예부대가 있다면 다시 우리 교회를 일으켜 세울 수 있을 것이다.

셋째, 청소년들의 믿음 성장은 결국 대한민국을 새로운 나라로 만들 것이다. 청소년들에게 제대로 된 믿음이 심기면 여러 가지 변화가 일어나게 될 것이다. 왜 지금 대한민국 기독교는 사회적으로 지탄을 받고 있는가? 결국 믿는 사람들의 삶이 믿지 않는 사람들의 삶과 별 차이가 없기 때문이 아닌가? 다시 말해, 지금 대한민국 교인들의 믿음 역시 그 수준이 하향 평균화되어 있다. 청소년들에게 믿음이 들어가고, 그 믿음이 성장하면 그들의 삶에 놀라운 변화가 일어날 것이다. 믿음은 학생들에게 인생의 참된 의미와 목적을 심어 주고 비전을 주기 때문이다.

믿음이 들어가면 인생관이 바뀌고 삶의 목표가 달라진다. 믿음의 청소년들이 있는 모든 공간은 하나님께서 다스리고 통치하는 하나님의 나라가 될 것이다. 결국 청소년들의 믿음 성장은 이 땅을 변화를 가져올 것이다.

에필로그

작년 여름 수련회 준비는 이상하게 힘들었다. 교회에서 믿음 좋기로 소문난 두 학생이 수련회에 참석하기 힘들다고 연락을 해왔다. 믿음이 좋은 녀석들이기에 학교 측의 반대가 있더라도 충분히 극복할 수 있을 것이라고 예상했다. 하지만 상황은 예상보다 훨씬 좋지 않았다. 우리 교회 수련회 기간과 학교에서 야심차게 준비한 서울대 멘토 캠프 기간이 겹쳐 버린 것이다. 더 힘들게 된 것은, 두 학생의 성적이 모두 상위권인지라 학교에서 둘을 반드시 그 캠프에 참가시키려고 한다는 점이었다.

그나마 다행히도 교장이 교회 중직자여서 한 가닥 희망을 갖고 있었다. 예전에도 담임교사가 학생들을 수련회에 안 보내 준다고 윽박지를 때 교장의 지원 사격을 받아 문제를 해결한 경우가 있었기 때문이다. 그래서 두 학생은 담임교사와 함께 교장을 찾아갔는데 뜻밖의 대답을 들었다. 워낙 중요한 학교 행사이고 영향력이 큰 학생들이라 빼주기 힘들다는 답변이었다. 담임교사는 한술 더 떠서 학부모들에게 전화해 자녀들이 캠프에 꼭 참여할 수 있게 해달라고 신신당부까지 했다.

일이 이렇게 진행되면서 두 학생의 얼굴에 갈수록 그늘이 졌다. 무슨 일이 있더라도 수련회에 참가하겠다고 열정적으로 말하던 녀석들이 갈수록 힘이 빠지는 듯 보였다. 나는 끝까지 포기하지 말고 기도하자고 권면했다. 그리고 결단했다. '직접 교장을 만나자. 그런데 만나서 무슨 얘기를 하지?' 오만 가지 생각이 다 들었다. 돌직구로 나갈까? 불도저처럼 밀어붙일까?

계속 고민하던 중에 다음 주에 설교할 본문인 로마서 16장 19절 말씀이 떠올랐다. "선한 데는 지혜롭고 악한 데는 미련하라." '그래, 선한 일을 하고 있으니 지혜롭게 행동하자.' 이렇게 마음을 먹고 전화 한 통을 넣은 후 교장실로 달려갔다. 그리고 교장과 청소년 문제에 대해 이런저런 얘기를 나눴다. 헤어질 시간이 되어 교장에게 같이 기도할 것을 요청했다. 학교와 교장을 위해 간절히 기도하고 끝자락에 "하나님, 교장 선생님이 우리 교회에 다니는 두 학생들이 수련회 가는 데 크게 협력해 줄 것을 믿습니다. 예수님 이름으로 기도합니다"라는 말을 붙이고는 "아멘" 하고 기도를 마쳤다.

나중에 두 학생들에게도 교장 선생님이 분명히 "아멘" 했으니 믿고 있으라고 당부했다. 그럼에도 내 마음은 여전히 불안했다. '두 녀석은 예수님 없이는 살 수 없는 믿음의 아들들인데, 혹시라도 수련회에 참여하지 못하면 어떡하지? 영적 타격이 이만저만이 아닐 텐데.' 불안한 마음을 계속 기도로 달랬다.

수련회 준비 일주일 전, 학생들 등록도 거의 끝났고, 마지막으로 수백 명이나 되는 학생들의 조를 짜려고 하는 시점에 두 녀석에게 문자가 왔다. "목사님, 수련회에 참가해도 좋다는 허락을 받았어요." 그 순간 눈물이 핑 돌았다.

지난 한 달 내내 두 녀석을 위해 매일 기도해온 터였다. 기도를 하면서도 스트레스도 많이 받았다. 방학 기간에 학생을 강제로 학교 행사에 참여하게 하는 것은 엄연히 학생 인권을 침해하는 일이기에 교육청과 청와대에 투서를 넣을까 하는 생각도 했다. 하지만 그럴 경우 학생들을 당장 수련회에 참석시킬 수는 있을지 몰라도, 앞으로 1년 6개월 동안 더 학교에 다녀야 할 학생들에게 큰 도움이 될 것 같지 않았다. 그런데 결국 하나님께서 문제를 해결해 주셨다. 그 사이에 많은 교사들과 학생들이 기도했다. 교회 중보 기도팀도 나섰다. 나 역시 매일 기도했다.

교장은 두 학생들에 대해 내게 이렇게 얘기했다. "목사님, 그 녀석들 믿음이 보통이 아니던데요. 목사 시켜도 될 것 같습니다. 교회 다닌 지 얼마 안 되었다고 하는데 엄청 뜨겁네요." 자주 만나지도 않은 교장이 보고 인정할 정도로 그들은 큰 믿음으로 성장해 온 학생들이다. 실제로 학교에서 저녁마다 기도 모임을 만들어 뜨겁게 인도하고 있고, 학교 안에서 힘든 일이 생기면 그 문제를 놓고 마음을 다해 기도하고 있다.

나는 믿음에 대해 이야기할 때마다 학생들에게 '세상이 감당치 못할 믿음'의 경지에 이르라고 주문한다. 죄악으로 오염되어 선한 것이라고는 찾기 힘든 이 시대에 필요한 것은 그런 믿음밖에 없기 때문이다. 설교할 때마다 이렇게 이야기한다. "학교가, 교사가, 심지어 부모조차 감당치 못할 큰 믿음에 이르러야 한다!" 그런데 학생들 가운데 정말로 그런 경지에 오른 아이들이 있다.

그러니 나는 참 행복한 목사다. 청소년들을 지도해서 더욱 행복한 목사다. 쉽게 변하지 않은 어른 세대에 비교해 청소년들은 정말 빠르게 변화한다. 해마다 믿음 안에서 달라지고 성장하는 그들의 모습을 볼 때마다 느끼는 행복함은 말로 다 표현할 수 없다. 신앙이라고는 눈곱만큼도 없던 학생이 예수님을 만나고, 이제는 오직 예수님께 인생을 걸겠다고 다짐하는 모습을 볼 때마다 하나님께서 왜 나를 목사로 부르셨는지 다시금 깨닫는다.

얼마 전 임원들을 앉혀 놓고 말씀을 전한 적이 있다. 우리 임원들은 모이면 보통 50여 명 정도가 된다. 그중에는 '세상이 감당치 못할' 수준의 믿음을 소유한 학생들도 있고, 그렇지 못한 학생들도 있다. 그날 메시지는 '믿음'에 대한 내용으로서 대략 다음과 같다.

"주님이 우리를 보실 때 무엇을 가장 크게 보실까? 맞아, 바로 믿음이야. 그런데 너희들의 믿음은 아직도 멀었어. 겨자씨만한 믿음도 없어. 지금 한국 교회의 위기는 바로 너희 같은 청소년들이 믿음이 없다는 데 있어. 예전에 우리 선배들 때는 등하굣길에 교회에 들려 기도하는 학생들이 많았어. 주말에는 만사를 제쳐 놓고 교회에서 사는 선배들도 많았지. 반대하는 부모에게 걸려 머리카락이 뭉텅 잘린 채 교회에 오는 누나들도 있었어.

그런데 지금 우리 모습을 한번 보렴. 학교 공부, 학원 공부 한답시고 제대로 기도하는 학생이 없어. 제대로 믿음을 가지고 있는 학생들이 없어. 그러니 툭하면 교회 빠지기 일쑤인 거야. 중간고사네, 기말고사네 하며 얼마나 많은 학생들이 교회에 빠지니? 또 주일날 자격증 시험 본다고 교회에 빠지기도 하지. 우리는 누구를 위해 공부하고 있는 걸까? 무엇을 위해 공부하는 걸까? 그런 식으로 공부하면 주님이 과연 좋아하실까? 우리 제발 그렇게 살지 말자! 주님은 너희의 학교 성적에 아무 관심이 없으셔. 외모에도 관심이 없으셔. 오직 한 가지, 바로 너희의 믿음에 관심을 갖고 계셔. 지금 주님이 너희의 모습을 보면 뭐라고 말씀하실까? 너희 가운데 믿음이 가장 중요하다고 자부하는 학생이 몇이나 되니? 예수 그리스도에게 목숨을 건 학생이 몇이나 되니?"

그날 학생들을 강력하게 책망하면서 메시지를 선포했다. 그리고 다음 날 주일, 한 학생이 내게 쪽지를 남겼다. "목사님, 어제 설교 듣고는 너무 찔렸습니다. 저 오늘 서울에 있는 모 대학교 실기 시험을 보러 가야 하는데 포기했습니다. 주일 예배가 더 중요하다고 믿습니다. 하나님께서 더 좋은 길로 인도하실 줄 믿습니다."

많은 사람들이 대한민국 청소년들은 소망이 없어 보이고, 특히 교회 중고등부는 무너져 간다고 한다. 이제 거의 끝을 향해 간다고 말한다. 하지만 나는 아직도 이 땅에 예수 그리스도께 헌신할 수 있는 학생들이 많이 있음을 믿는다. 눈에 잘 띄지 않는 것 같지만 신실한 학생들이 여전히 이 땅에 있다. 세상이 감히 감당치 못할 믿음을 가진 학생들이 여전히 많이 있다.

왜 교회는 못한다고 하는가? 왜 자꾸만 안 된다고 하는가? 해 보지도 않았으면서 다들 포기하는가? 어쩌면 이것이 지금 한국 교회를 향한 사탄의 전략일 수 있다. 스스로 무너지게 하는 것. 이미 늦었다고 하는 것. 다른 방법을 사용하라고 하는 것 전부가 다 사탄의 속삭임일 수 있다.

나는 믿는다. 한국 교회의 중고등부는 충분히 일어설 수 있다. 학생들 가운데 믿음에 목숨을 걸 수 있는 아이들이 충분히 있다. 교회에서 그들에게 조금만 관심을 기울여 주고 힘을 실어 준다면 수많은 무리가 벌떼처럼 일어날 것이다. 교회와 교회 지도자들이 청소년 사역의 중요성을 조금만 더 깨닫고 함께하면 얼마든지 믿음의 세대가 이 땅에 다시 설 수 있다.

지금까지 기성세대가 잘못한 것도 많다. 한국 교회 크리스천의 3세대라고 할 수 있는 지금의 40-50대 성도들, 이들은 한국 교회 부흥의 산물이다. 대부분 기성세대 성도들은 학생 때 은혜를 체험했고, 그 덕분에 지금까지 신앙생활을 잘하고 있다. 지금 그 기성세대는 먹고살 만해지면서 자기 자녀들에게 신앙보다는 공부를 먼저 강요하고 있다. 자녀가 학교에 가기 싫다고 하면 수단과 방법을 가리지 않고 학교로 보내지만, 교회에 빠지는 것은 가볍게 여긴다. 학교 행사에는 돈이 아무리 들어도 자녀들을 위해 팍팍 투자하면서도 교회 수련회에 대해서는 무척 인색하게 군다. 지금 많은 청소년들이 교회를 떠나고 믿음이 하향 평균화된 것은 철저히 기성세대 목회자와 교인들의 책임이다.

　이제라도 늦지 않았다. 지금부터라도 믿음을 외치면 된다. 학생들에게 오직 믿음을 전해 주면 된다. 믿음이 있으면 어떤 상황도 극복할 수 있음을 몸소 보여 줘야 한다. 과거 우리 선진들이 가졌던 순교의 신앙, 일사각오의 정신을 청소년들에게 다시 가르쳐야 한다. 그래서 그들이 예수님께 철저히 헌신할 수 있도록 해야 한다. 교회와 가정에서 동일하게 믿음이 가장 중요하고, 믿음만 있으면 늘 이길 수 있음을 선포해야 한다. 이 길이 대한민국 주일학교를 살리는 길이다. 더 나아가 대한민국 교회를 살리는 것이다. 궁극적으로 학생들이 오직 믿음을 움켜쥐고 살 때, 온갖 문제로 시끄러운 이 땅에서 크리스천으로 올바르게 자라고, 나아가 이 땅을 변화시킬 것이라고 믿는다.

　다시 한 번 믿음을 외치자!

참고문헌

논문
Black, Wesley., "Youth Ministry That Lasts: The Faith Journey of Young Adults," *The Journal of Youth Ministry* 4, no 2 (2006).
Lee, Junghyun., "*A Study of Friendship Quality in Selected Korean High School Students and Its Possible Relationship to Spirituality,*" (Fort Worth: Southwestern Baptist Theological Seminary, 2010).

단행본
Derouen, Johnny., notes from Student Ministry Basic Class.
Jackson, Allen., "Ministry" in *Basic Student Ministry*(Nashville: Lifeway, 2003).
Mayo, Jeanne., Thriving Youth Group(Love Land: Group, 2004).
Mueller, Walter., *Understanding Today Youth Culture*(Wheaton: Tyndale, 1999).
Santrock, John W., *Adolescence*(Boston: Mc Graw Hill, 2003).
Smith, Christian., *Soul Searching*(New York: Oxford University Press, 2005).
Stevens, Scott., "Worship" in *Basic Student Ministry*(Nashville: Lifeway, 2003).
최윤식 외, 꿈꾸는 교사여, 절대 포기하지 마라(서울: 브니엘, 2013).

신문 및 기사
MBC 뉴스, "현장M출동 가출청소년 20만… '성매매 사각지대'" (2012년 9월 23일).
Star Telegram, "Religion and Life" (2005년 4월 3일).

Time, "How to Get Teens Excited About God," (Nov 1, 2006).
기독신문, "기독 · 비기독 학생 의식 차이 없다"(2010년 3월 2일).
메디컬 투데이, "청소년 성교육 인터넷에서 댓글 보고 배워요"(2011년 2월 13일).
문화일보, "청소년 3명 중 1명 성매매 제의 수용할 수도"(2010년 10월 27일).
세계일보, "화병에 시달리는 고교생들"(세계일보, 2011년 7월 14일).
여성신문, "청소년 20%, 스마트폰으로 음란물 유통"(2013년 4월 11일).
연합뉴스, "중고생 5명 중 1명 자살 생각 위험군"(2010년 5월 5일).
_____, "청소년 80%, 인터넷 음란물 경험"(2010년 10월 25일).
아시아 투데이, "게임시간 세계1위"(2012년, 2월, 18일).
오늘의 뉴스, "청소년 사망 원인 1위 자살… 8.8% 자살 생각해"(2012년 5월 12일).
조선일보, "인터넷 중독으로 멍드는 아이들"(2010년 1월 26일).
주간동아, "스마트폰 중독 비상! "아이들 뇌가 죽어간다"(2013년 2월 12일).
한겨레 신문, "어머, 너 중 2병이니?"(2011년 9월 2일).
_____, "중1 · 2 때 사귀기 시작"(2010년 8월 1일).
헤럴드 생생, "올해 하루 평균 7시간 48분 TV 봤다"(2011년 12월 30일).

인터넷

박용규, "겨레와 함께한 한국 교회," http://www.1907revival.com/news/
quickViewArticleView.html?idxno=2246.
여성가족부 블로그, "청소년 음주 · 흡연, 유아기 조기예방교육이 중요,"
http://blog.daum.net/moge-family/4680.
국민일보, http://www.kmib.co.kr/html/kmview/ 2004/1231/
091966137023111111.html.